Gefunden

GEFUNDEN

Ich ging im Walde
So für mich hin,
Und nichts zu suchen,
Das war mein Sinn.

Im Schatten sah ich
Ein Blümchen stehn,
Wie Sterne leuchtend,
Wie Äuglein schön.

Ich wollt es brechen,
Da sagt' es fein:
Soll ich zum Welken
Gebrochen sein?

Ich grubs mit allen
Den Würzlein aus,
Zum Garten trug ichs
Am hübschen Haus.

Und pflanzt es wieder
Am stillen Ort;
Nun zweigt es immer
Und blüht so fort.

                              Goethe

Gefunden

an anthology of German literature

Compiled by

Richard Stokes

Head of Modern Languages, Westminster School

Heinemann Educational Books
London

Heinemann Educational Books Ltd
22 Bedford Square, London WC1B 3HH

LONDON EDINBURGH MELBOURNE AUCKLAND HONG KONG SINGAPORE
KUALA LUMPUR NEW DELHI IBADAN NAIROBI JOHANNESBURG
KINGSTON PORTSMOUTH (NH)

British Library Cataloguing in Publication Data
Gefunden
1. German literature
I. Stokes, Richard
830′.8   PT1105
ISBN 0–435–38860–6

Acknowledgements

The author and publishers would like to thank the following for permission to reproduce copyright material in this book.
Atrium Verlag for the six poems by Kästner; S. Fischer Verlag GmbH for 'Hinter der Front', 'Ordnung', 'das Begräbnis', 'Sechsjähriger', 'Achtjähriger', 'Menschenbild (I)', 'Menschenbild (2)' from *Die wunderbaren Jahre*, Reiner Kunze (Frankfurt am Main, 1976); Carl Hanser Verlag for '43 Liebesgeschichten' from *Früher begann der Tag mit einer Schußwunde*, Wolf Wondratschek (München, 1969, 9. Auflage 1979); Hoffman & Campe Verlag for 'Der große Wildenberg' from *Jäger des Spotts*, Siegfried Lenz (Hamburg, 1958); Kiepenheuer & Witsch Verlag for 'Ach Stuttgart, du nasse, du schöne', 'Deutsches Miserere' from *Preußischer Ikarus*, Wolf Biermann (Köln, 1978) and 'Kleinstadtsonntag', 'Die hab ich satt!' from *Nachlaß I*, Wolf Biermann (Köln, 1977); Luchterhand Verlag for 'Eine Leichenrede' from *Leichenreden*, Kurt Marti (Darmstadt, 1969); Gertraud Middlehauve Verlag for 'Mein trauriges Gesicht', 'Die ungezählte Geliebte' from *1947 bis 1951 – Wo warst du Adam? und Erzählungen*, Heinrich Böll (Köln, 1973); R. Piper & Co Verlag for 'Reklame' from *Werke*, Ingeborg Bachmann (München, 1928); Rowohlt Verlag GmbH for 'Die drei dunklen Könige', 'Das Brot', 'Lesebuchgeschichten' from *Gesamtwerk*, Wolfgang Borchert (Hamburg, 1949) and also for the poems by Tucholsky and Kusenberg; Suhrkamp Verlag for all the Brecht poems, 'Die Geschichte von Isidor' and 'Du sollst dir kein Bildnis machen' by Max Frisch, 'Im Nebel' by Hermann Hesse, 'Legende vom Fußballplatz by Ödön von Horváth; Walter Verlag for 'Erklärung' from *Eigentlich mochte Frau Blum den Milchmann kennenlernen*, Peter Bichsel (Olten, 1964).

Printed and bound in Great Britain by
Biddles Ltd, Guildford and King's Lynn

Contents

Preface

An anthology, in its original Greek meaning, is a collection of flowers. As Goethe's poem *Gefunden* illustrates, flowers flourish when dug up by the roots but soon wither and die when plucked. And so it often is with literature. Extracts from literature too often smack of extract, and the reader is presented with a truncated piece that lacks form and memorability. The poems, stories, anecdotes and letters contained in this anthology are, without exception, unabridged. They are also short, so that they can be read at one sitting.

The pieces in *Gefunden* are, then, brief, self-contained and memorable. The original intention was not to structure the work by dividing it into sections. On re-reading the anthology, however, it became clear that many aspects of human experience had been described — for example, childhood, love, family life, loneliness, war, artistic creation — and sections thus suggested themselves. The anthology as a whole is rich in humour and may help correct the erroneous view that many people have of Germans as over-organized, insensitive and humourless.

Many of the pieces are topical, and should provide the starting-point for social and political discussion. It is true that newspaper articles and specialized essay-writing books deal with contemporary problems in greater depth, but they are rarely linguistically memorable. *Gefunden*, on the other hand, contains many masterpieces which give pleasure and *work* in class; phrases and idioms often linger long in the minds of students and reappear again and again in essays and proses.

As a great number of these pieces are extremely short, students should find little difficulty in memorizing them. Memorizing is indispensable to language-learning. It is not only enjoyable to quote the nuggets of wisdom enclosed in aphorisms or to recite an exciting ballad, it is also an invaluable way of acquiring rhythm, elegance and grammar.

It is hoped that these writings will temper the rather austere diet of four set-books, will be used for unseen translation practice and exercises in literary criticism, and will, above all, entertain.

Richard Stokes

Zeitkritik

Zeitkritiker all share a common outlook, namely dissatisfaction with the *status quo* and a desire to change it. Unlike Eichendorff (see *Der Einsiedler*, page 113), they write not about their own private problems, but about those that affect the community. Whereas the Romantics had often felt unable to grapple with contemporary issues and had generally preferred literature to life, *Zeitkritiker* wrestle with these issues. Little could be more abhorrent to them than Novalis' exclamation in his poem, *Sehnsucht nach dem Tode:*

> Was sollen wir auf dieser Welt
> Mit unsrer Lieb und Treue?
> Das Alte wird hintangestellt:
> Was soll uns dann das Neue?

These socially-committed writers may criticize a particular social injustice or ways of living and attitudes in general; and the tone of their writing may be serious or satirical.

There is not a trace of satire in Heine's *Die schlesischen Weber*. The attitude of the workers is cold, menacing, furious. It was written shortly after a revolt by Silesian weavers in 1844 and represents an impassioned plea for the rights of the individual in an age of increasing industrialization that was reducing to starvation those cottage-industry workers who carried on their craft in the traditional manner. Heine uses one of the most primitive forms of poetry, the Plantation Song with its incantatory refrain conveying the imminent threat of the proletarian revolution. His technique is highly sophisticated, though, and particularly masterful is the way in which the final stanza intensifies the threat of revolt by substituting masculine for feminine rhymes. Any weariness in the previous stanzas, suggested by the unstressed final syllable of 'Träne', 'Zähne', 'gebeten', 'Hungersnöten', 'Reichen', 'erweichen', 'Vaterlande', 'Schande', is suddenly banished by the menace of the harsh masculine rhymes of 'kracht' and 'Nacht'. The collapse of the old order is imminent.

Indignant, unsatirical utterance is also inspired by the suffering of the unmarried mother. *Gretchens Bitte* is taken from Goethe's *Urfaust*, the first version of the Faust story that was to occupy him on and off throughout his life. Gretchen, aware that she is pregnant, prays to the Virgin Mary. The 'Schmach' to which she refers so hysterically was in Goethe's day degrading. Custom required that the bridal coronet be ripped from the bride's head and chopped straw be strewn in her path wherever she went. It was such cruelty that compelled many an unmarried mother to kill her child rather than be exposed to shame, and it was the execution in the summer of 1771 of Susanna Brandt, who had killed her illegitimate child, that probably prompted Goethe to dramatize the Gretchen story. *Gretchens Bitte* is only indirectly critical of society, but *Vor dem Gericht*, written several years later, is an open challenge. Brecht's poem, *Von der Kindesmörderin Marie Farrar*, although dealing with the same theme, has quite a different tone. Whereas Gretchen's diction is surprisingly elevated for a girl of such lowly birth ('Betaut ich mit Tränen, ach'), Marie Farrar's reported speech is colloquial, especially in its staccato rhythms and the use of abbreviated forms.

The Rilke and Hesse pieces are also unsatirical, although *Die Erblindende* borders on satire in the second verse. The poem describes a woman going blind, and contrasts her intensity of perception with the banality of the tea-party talk around her, which Rilke expresses in a rambling and unpunctuated sentence similar to T. S. Eliot's rhyme in the *Love Song of J. Alfred Prufrock:*

> In the room the women come and go
> Talking of Michelangelo.

Der Panther portrays unemotionally the feelings of a panther in captivity, yet manages to criticize obliquely, particularly at the end of the first verse, the society that imprisons such creatures. Cruelty to animals is also the theme of Hermann Hesse's touching story, *Der Wolf*, where man's brutality is contrasted with the beauty of nature around him. There is also an allusion to game-hunting in Kästner's *Vornehme Leute, 1200 Meter hoch*. Kästner's poem is overtly satirical, as are most of the remaining poems and stories in this section. Their principal target is the totalitarian state that seeks to destroy individual freedom.

Probably the best-known champion of individual freedom in post-war German literature is Heinrich Böll, who was awarded the Nobel Prize in 1972. In his *Bekenntnis zur Trümmerliteratur* he writes: 'Es ist unsere Aufgabe, daran zu erinnern, daß der Mensch nicht nur existiert, um verwaltet zu werden'. And it is this threat of being controlled by the state that forms the theme of so much, perhaps too much, recent German literature. In *Die ungezählte Geliebte* and *Mein trauriges Gesicht*, the state is characterized by those harsh administrative *Fremdwörter* that end in '-ieren', (e.g. 'dividieren', 'passieren', 'prozentualisieren', 'multiplizieren', 'transponieren', 'mitmarschieren', 'kontrollieren', 'defilieren'); compound nouns that denote hierarchy, (e.g. 'Oberstatistiker', 'Vernehmer', 'Vorvernehmer', 'Obervernehmer', Hauptvernehmer', 'Anrichter', 'Schlußrichter'); and pompous, inflated language – Papierdeutsch – that seeks to obscure the truth, (e.g. 'Straffreiheitsmöglichkeit'). This is not far removed from the bureaucratic nightmare of Kafka's novels, *Der Prozess* and *Das Schloß*, although bureaucracy as a symbol for the automatism of modern life is only one of Kafka's themes, and Kafka's world is generally unrelieved by satire (see *Vor dem Gesetz*, page 103). Böll's stories, despite their satire, can be gloomy affairs, as a comparison of *Mein trauriges Gesicht* with Kusenberg's *Ein verächtlicher Blick* suggests. The sustained melancholy of Böll's two opening paragraphs is not Kusenberg's territory. Although both authors depict a totalitarian state, Kusenberg disclaims any significant social commitment in his work and always creates a genuine 'heitere Geschichte', where anything might happen (see also *Eine Schulstunde*, page 50).

Reiner Kunze was born in 1933, and in 1976 he published *Die wunderbaren Jahre*, from which the first eight pieces of *Gefunden* are taken. The work was published in West Germany while Kunze was still living in the DDR. In 1977 he applied for an exit visa, as he, his wife and teenage daughter could no longer bear the harassment to which they were subjected. It was immediately granted, much to Kunze's amazement. Strangely, *Die wunderbaren Jahre*, which quickly became a bestseller in West Germany, is not pre-eminently a political book. Many of the anecdotes seem to be based on his daughter's experience at school, and indeed the work really describes the attitude of East German teenagers towards education and life in their own country. Unlike *Mein trauriges Gesicht*, there is no criticism of the state as such, although Kunze does attack the militaristic outlook and the authoritarian atmosphere.

Wolf Biermann is three years younger than Kunze. His childhood was grim – his Jewish father, who worked in Hamburg as a Communist resistance fighter, was murdered in the concentration camp at Auschwitz. Biermann moved to East Berlin after the abortive June uprising of 1953, and hoped to develop as a Communist there. He met Brecht at the *Berliner Ensemble* where he worked as an assistant director. Soon he began to write his own polemical songs – very much in the tradition of Heine (see *Die schlesischen Weber* page 28) and Brecht. Much of his criticism is directed at the complacency of the Communist party and its failure to live up to its ideals: privilege and class-distinction still exist, and lack of revolutionary zeal is everywhere apparent. In 1965 the *Sozialistische Einheitspartei* banned him from performing his songs in East Germany, and in 1976 he was stripped of his East German citizenship. Since then he has lived in West Germany.

Freiwillig von Westen nach Osten
Gezwungen von Ost nach West

These autobiographical lines are from his poem *Deutsches Miserere* which depicts many of the differences, and similarities, between East and West Germany. In *Die hab ich satt* he ridicules bureaucracy (compare Morgenstern's *Die Behörde*), complacency and the writers of sentimental verse. 'Das Ungereimte reimen sie' he says of the latter, echoing Brecht's lines from *Schlechte Zeit für Lyrik* (page 151):

In meinem Lied ein Reim
Käme mir fast vor wie Übermut

Ach Stuttgart, du nasse, du schöne describes the dangers of 'Brüderlichkeit', after the murder in 1978 of Hanns Martin Schleyer, the German industrialist, by terrorists. Biermann expresses his fear that the general indignation aroused by Schleyer's death will lead to a general, tearful sympathy, and that such crucial issues as inflation, wages, social injustice and unemployment will be drowned, forgotten.

Kunze

Ordnung

Die Mädchen und Jungen, die sich auf die Eckbank der leeren Bahn-hofshalle setzten, kamen aus einem Jazz-Konzert. Ihr Gespräch ver-stummte rasch. Einer nach dem anderen legten sie den Kopf auf die Schulter ihres Nebenmanns. Der erste Zug fuhr 4.46 Uhr.
Zwei Transportpolizisten, einen Schäferhund an der Leine, erschienen in der Tür, wandten sich der Bank zu und zupften die Schlafenden am Ärmel. „Entweder Sie setzen sich gerade hin, oder Sie verlassen den Bahnhof, Ordnung muß sein!"
„Wieso Ordnung?" fragte einer der Jungen, nachdem er sich auf-gerichtet hatte. „Sie sehen doch, daß jeder seinen Kopf gleich wiedergefunden hat."
„Wenn Sie frech werden, verschwinden Sie sofort, verstanden?" Die Polizisten gingen weiter.
Die jungen Leute lehnten sich nach der anderen Seite. Zehn Minuten später kehrte die Streife zurück und verwies sie des Bahnhofs.
Draußen ging ein feiner Regen nieder. Der Zeiger der großen Uhr wippte auf die Eins wie ein Gummiknüppel.[1]

[1] der Gummiknüppel – rubber truncheon

Hinter der Front

Am Morgen des 22. August 1968 wäre meine Frau beinahe gestürzt: vor der Wohnungstür lag ein Strauß Gladiolen. In der Nachbar-schaft wohnte ein älteres Ehepaar, das einen Garten besaß und manchmal Blumen brachte. „Wahrscheinlich haben sie gestern abend nicht mehr stören wollen" sagte meine Frau.
Am Nachmittag kam sie mit drei Sträußen im Arm. „Das ist nur ein Teil" sagte sie. Sie waren in der Klinik, in der meine Frau arbeitet, für sie abgegeben worden, und außer ihr selbst hatte sich niemand darüber gewundert. Es sei doch bekannt, daß sie aus der Tschechoslowakei sei.

Das Begräbnis

Es ist die Zeit der stummen Begräbnisse.
(Ein Bürger Prags)

„Das Begräbnis findet heute siebzehn Uhr statt." Der anonyme Anrufer legt auf . . . Begräbnis? Wessen? Man überlegt, wen man anrufen könnte, und erfährt: A. ist gestorben. Krematorium Motol. Die in Motol wohnen, machen sich um sechzehn Uhr auf den Weg. Sie wissen: Wenn ein Mann wie A. gestorben ist, ist es nicht ratsam, daß alle zur gleichen Zeit auf die Straße gehen. Die Polizei könnte das mißverstehen. Für jene aber, die am anderen Ende der Stadt wohnen, ist es beschwerlicher, nach Motol zu gelangen, so daß sie erst später kommen werden.

Die Polizei hat die Straße gesperrt und leitet alle Autos, die zum Krematorium wollen, über Vororte und Dörfer um. B. wird sprechen. Man hat ihm fünf Minuten erlaubt. B. hat gesagt: Gut, das genügt. Vor dem Krematorium sagt man ihm: Nur eine Minute! B. sagt: Gut, das genügt. Am Sarg sagt er: „A. ist gestorben. Ich bitte Sie, sich von den Plätzen zu erheben." Und dann: „Ich danke Ihnen." Genau eine Minute. Aber es ist nicht üblich, sich von den Plätzen zu erheben. Als die Hinterbliebenen aus dem Krematorium treten, können sie nichts sehen. Man hat die Friedhofsbeleuchtung nicht eingeschaltet. Der Weg geht bergab, und ab und zu kommen ein, zwei Stufen. Aber er ist von Menschen gesäumt. Jeder, der auf der Höhe einer Stufe steht, sagt: Stufe. So daß keiner fällt.

Sechsjähriger

Er durchbohrt Spielzeugsoldaten mit Stecknadeln. Er stößt sie ihnen in den Bauch, bis die Spitze aus dem Rücken tritt. Er stößt sie ihnen in den Rücken, bis die Spitze aus der Brust tritt.
Sie fallen.
„Und warum gerade diese?"
„Das sind doch die andern."

Siebenjähriger

In jeder Hand hält er einen Revolver, vor der Brust hat er eine Spielzeugmaschinenpistole hängen.

6

„Was sagt denn deine Mutter zu diesen Waffen?"
„Die hat sie mir doch gekauft."
„Und wozu?"
„Gegen die Bösen."
„Und wer ist gut?"
„Lenin."
„Lenin? Wer ist das?"
Er denkt angestrengt nach, weiß aber nicht zu antworten.
„Du weißt nicht, wer Lenin ist?"
„Der Hauptmann."

Achtjähriger

„Sie waren aus P., und wir bekamen den Zeltplatz neben ihnen zuge-
wiesen" sagt der Mann aus W. „Wir brauchten uns nur zu zeigen –
schon wurden wir von dem Jungen im Nachbarzelt mit einer Spiel-
zeugpistole beschossen. Als unsere beiden Jungs ihn zur Rede
stellten, sagte er, sein Vater habe gesagt, wir seien Feinde – und
sofort zog er sich wieder in den Zelteingang zurück und eröffnete das
Feuer auf sie. Unsere Jungs waren schnell damit fertig: Der spinnt.[1]
Ich muß Ihnen aber sagen, als ich nach acht Tagen noch immer
nicht ins Auto steigen konnte, ohne eine Mündung[2] auf mich
gerichtet zu sehen, ging mir das auf die Nerven."

[1] Der spinnt – he's crazy [2] eine Mündung – muzzle of a gun

Menschenbild (I)

Lehrer: Sie kommen immer in so schmutzigen Pullovern zur
Schule.
Schülerin: Entschuldigen Sie, aber Sie beleidigen meine Mutter.
Lehrer: Ich meine doch nicht, daß die Pullover nicht gewaschen
sind. Aber Sie tragen so dunkle Farben.
Schülerin: Ich bin blond.
Lehrer: Ich wünsche, daß die Schüler meiner Klasse optimi-
stische Farben tragen. Außerdem sehen Ihre langen
Haare unordentlich aus.
Schülerin: Ich kämme sie mehrmals am Tag.
Lehrer: Aber der Mittelscheitel ist nicht gerade.
Ort des Dialogs: Erweiterte Oberschule in G.
*Zeit: Zweihundertdreiunddreißig Jahre nach Hinscheiden Friedrich
Wilhelms des Ersten, König von Preußen.*

7

Menschenbild (II)

„Na gut" sagte der Direktor, „es waren keine ausgewaschenen Jeans, es waren hellblaue Cordhosen, einverstanden. Aber müssen es überhaupt Hosen sein? Wenn die Mädel so angetreten sind, alle in ihren kurzen Röcken, das gibt doch ein ganz anderes Bild." Dabei schnalzte er mit der Zunge.

Kusenberg

Ein verächtlicher Blick

Das Telefon summte, der Polizeipräsident nahm den Hörer auf.
„Ja?"
„Hier spricht Wachtmeister Kerzig. Soeben hat ein Passant mich verächtlich angeschaut."
„Vielleicht irren Sie", gab der Polizeipräsident zu bedenken. „Fast jeder, der einem Polizisten begegnet, hat ein schlechtes Gewissen und blickt an ihm vorbei. Das nimmt sich dann wie Geringschätzung aus."
„Nein", sprach der Wachtmeister. „So war es nicht. Er hat mich verächtlich gemustert, von der Mütze bis zu den Stiefeln."
„Warum haben Sie ihn nicht verhaftet?"
„Ich war zu bestürzt. Als ich die Kränkung erkannte, war der Mann verschwunden."
„Würden Sie ihn wiedererkennen?"
„Gewiß. Er trägt einen roten Bart."
„Wie fühlen Sie sich?"
„Ziemlich elend."
„Halten Sie durch, ich lasse Sie ablösen."
Der Polizeipräsident schaltete das Mikrofon ein. Er entsandte einen Krankenwagen in Kerzigs Revier und ordnete an, daß man alle rotbärtigen Bürger verhafte.
Die Funkstreifen[1] waren gerade im Einsatz, als der Befehl sie erreichte. Zwei von ihnen probierten aus, welcher Wagen der schnellere sei, zwei andere feierten in einer Kneipe den Geburtstag des Wirtes, drei halfen einem Kameraden beim Umzug, und die übrigen machten Einkäufe. Kaum aber hatten sie vernommen, um was es ging, preschten sie mit ihren Wagen in den Kern der Stadt.

Sie riegelten Straßen ab, eine um die andere, und kämmten sie durch. Sie liefen in die Geschäfte, in die Gaststätten, in die Häuser, und wo sie einen Rotbart aufspürten, zerrten sie ihn fort. Überall stockte der Verkehr. Das Geheul der Sirenen erschreckte die Bevölkerung, und es liefen Gerüchte um, die Hetzjagd gelte einem Massenmörder.

Wenige Stunden nach Beginn des Kesseltreibens[2] war die Beute ansehnlich: achtundfünfzig rotbärtige Männer hatte man ins Polizeipräsidium gebracht. Auf zwei Krankenwärter gestützt, schritt Wachtmeister Kerzig die Verdächtigen ab, doch den Täter erkannte er nicht wieder. Der Polizeipräsident schob es auf Kerzigs Zustand und befahl, daß man die Häftlinge verhöre. „Wenn sie", meinte er, „in *dieser* Sache unschuldig sind, haben sie bestimmt etwas anderes auf dem Kerbholz.[3] Verhöre sind immer ergiebig."

Ja, das waren sie wohl, jedenfalls in jener Stadt. Man glaube jedoch nicht, daß die Verhörten mißhandelt wurden; so grob ging es nicht zu, die Methoden waren feiner. Seit langer Zeit hatte die Geheimpolizei durch unauffälliges Befragen der Verwandten und Feinde jedes Bürgers eine Kartei angelegt, aus der man erfuhr, was ihm besonders widerstand: das Rattern von Stemmbohrern, grelles Licht, Karbolgeruch, nordische Volkslieder, der Anblick enthäuteter Ratten, schlüpfrige Witze, Hundegebell, Berührung mit Fliegenleim, und so fort. Gründlich angewandt, taten die Mittel meist ihre Wirkung: sie entpreßten den Befragten Geständnisse, echte und falsche, wie es gerade kam, und die Polizei frohlockte. Solches stand nun den achtundfünfzig Männern bevor.

Der Mann, dem die Jagd galt, befand sich längst wieder in seiner Wohnung. Als die Polizisten bei ihm läuteten, hörte er es nicht, weil er Wasser in die Badewanne strömen ließ. Wohl aber hörte er, nachdem das Bad bereitet war, den Postboten klingeln und empfing von ihm ein Telegramm. Die Nachricht war erfreulich, man bot ihm einen guten Posten im Ausland an – freilich unter der Bedingung, daß er sofort abreise.

„Gut", sagte der Mann. „Gut. Jetzt sind zwei Dinge zu tun: der Bart muß verschwinden, denn ich bin ihn leid, und ein Paß muß her, denn ich habe keinen."

Er nahm sein Bad, genüßlich, und kleidete sich wieder an. Dem Festtag zu Ehren, wählte er eine besonders hübsche Krawatte. Er ließ sich durchs Telefon sagen, zu welcher Stunde er auf ein Flugzeug rechnen könne. Er verließ das Haus, durchschritt einige Straßen, in die wieder Ruhe eingekehrt war, und trat bei einem Friseur ein. Als dieser sein Werk verrichtet hatte, begab der Mann sich ins Polizeipräsidium, denn nur dort, das wußte er, war in sehr kurzer Frist ein Paß zu erlangen.

Hier ist nachzuholen, daß der Mann den Polizisten in der Tat geringschätzig angeschaut hatte – deshalb nämlich, weil Kerzig seinem Vetter Egon ungemein glich. Für diesen Vetter, der nichts taugte und ihm Geld schuldete, empfand der Mann Verachtung, und die war nun, als er Kerzig gewahrte, ungewollt in seinen Blick hineingeraten. Kerzig hatte also richtig beobachtet, gegen seine Meldung konnte man nichts einwenden.

Ein Zufall wollte es, daß der Mann beim Eintritt ins Polizeipräsidium erneut dem Polizisten begegnete, der ihn an Vetter Egon erinnerte. Dieses Mal aber wandte er, um den Anderen nicht zu kränken, seine Augen rasch von ihm ab. Hinzu kam, daß es dem Armen offenbar nicht gut ging; zwei Wärter geleiteten ihn zu einem Krankenwagen.

So einfach, wie der Mann es gewähnt, ließ sich die Sache mit dem Paß nicht an. Es half ihm nichts, daß er mancherlei Papiere bei sich führte, daß er das Telegramm vorwies: die vermessene Hast des Unternehmens erschreckte den Paßbeamten.

„Ein Paß", erklärte er, „ist ein wichtiges Dokument. Ihn auszufertigen, verlangt Zeit."

Der Mann nickte. „So mag es in der Regel sein. Aber jede Regel hat Ausnahmen."

„Ich kann den Fall nicht entscheiden", sagte der Beamte. „Das kann nur der Polizeipräsident."

„Dann soll er es tun."

Der Beamte kramte die Papiere zusammen und erhob sich, „Kommen Sie mit", sprach er. „Wir gehen den kürzesten Weg – durch die Amtszimmer."

Sie durchquerten drei oder vier Räume, in denen lauter rotbärtige Männer saßen. „Drollig", dachte der Mann. „Ich wußte nicht, daß es ihrer so viele gibt. Und nun gehöre ich nicht mehr dazu."

Wie so mancher Despot, gab der Polizeipräsident sich gern weltmännisch. Nachdem der Beamte ihn unterrichtet hatte, entließ er ihn und hieß den Besucher Platz nehmen. Diesem fiel es nicht leicht, ein Lächeln aufzubringen, denn der Polizeipräsident ähnelte seinem Vetter Arthur, den er gleichfalls nicht mochte. Doch die Muskeln, die ein Lächeln bewirken, taten brave ihre Pflicht – es ging ja um den Paß.

„Kleine Beamte", sprach der Polizeipräsident, „sind ängstlich und meiden jede Entscheidung. Selbstverständlich bekommen Sie den Paß, sofort, auf der Stelle. Ihre Berufung nach Istanbul ist eine Ehre für unsere Stadt. Ich gratuliere." Er drückte einen Stempel in den Paß und unterschrieb.

Lässig, als sei es ein beliebiges Heftchen, reichte er seinem Besucher das Dokument. „Sie tragen da", sprach er, „eine besonders hübsche Krawatte. Ein Stadtplan – nicht wahr?"

„Ja", erwiderte der Mann. „Es ist der Stadtplan von Istanbul."

„Reizender Einfall. Und nun –" der Polizeipräsident stand auf und reichte dem Mann die Hand – „wünsche ich Ihnen eine gute

Reise." Er geleitete den Besucher zur Tür, winkte ihm freundlich nach und begab sich in die Räume, wo man die Häftlinge vernahm. Ihre Pein zu kürzen, hatten die Bedauernswerten manches Delikt eingestanden, nur jenes nicht, dessen man sie bezichtigte.[4] „Weitermachen!" befahl der Polizeipräsident und ging zum Mittagessen. Bei seiner Rückkehr fand er eine Meldung vor. Ein Friseur hatte ausgesagt, er habe am Vormittag einen Kunden auf dessen Wunsch seines roten Bartes entledigt. Den Mann selbst könne er nicht beschreiben, doch erinnere er sich eines auffälligen Kleidungsstückes: einer Krawatte mit einem Stadtplan.

„Ich Esel!" schrie der Polizeipräsident. Er eilte die Treppe hinunter, zwei Stufen mit jedem Satz. Im Hof stand wartend sein Wagen. „Zum Flugplatz!" rief er dem Fahrer zu und warf sich auf den Rücksitz.

Der Fahrer tat, was er vermochte. Er überfuhr zwei Hunde, zwei Tauben und eine Katze, er schrammte eine Straßenbahn, beschädigte einen Handwagen mit Altpapier und erschreckte Hunderte von Passanten. Als er sein Ziel erreichte, erhob sich weit draußen, auf die Sekunde pünktlich, das Flugzeug nach Istanbul von der Rollbahn.

[1]die Funkstreife – police radio control-car
[2]das Kesseltreiben – round-up
[3]etwas auf dem Kerhholz haben – to have a lot to answer for
[4]bezichtigen – to accuse

Böll

Mein trauriges Gesicht

Als ich am Hafen stand, um den Möwen zuzusehen, fiel mein trauriges Gesicht einem Polizisten auf, der in diesem Viertel die Runde zu gehen hatte. Ich war ganz versunken in den Anblick der schwebenden Vögel, die vergebens aufschossen und niederstürzten, nach etwas Eßbarem zu suchen: der Hafen war verödet, grünlich das Wasser, dick von schmutzigem Öl, und in seiner krustigen Haut schwamm allerlei weggeworfener Krempel; kein Schiff war zu sehen, die Krane verrostet, Lagerhallen verfallen; nicht einmal Ratten schienen die schwarzen Trümmer am Kai zu bevölkern, still war es. Viele Jahre schon war jede Verbindung nach außen abgeschnitten.

Ich hatte eine bestimmte Möwe ins Auge gefaßt, deren Flüge ich beobachtete. Ängstlich wie eine Schwalbe, die das Unwetter ahnt, schwebte sie meist nahe der Oberfläche des Wassers, manchmal nur wagte sie kreischend den Sturz nach oben, um ihre Bahn mit der der Genossen zu vereinen. Hätte ich einen Wunsch aussprechen können, so wäre mir ein Brot das liebste gewesen, es den Möwen zu verfüttern, Brocken zu brechen und den planlosen Flügen einen weißen Punkt zu bestimmen, ein Ziel zu setzen, auf das sie zufliegen würden; dieses kreischende Geschwebe wirrer Bahnen zu straffen durch den Wurf eines Brotstückes, hineinpackend in sie wie in eine Zahl von Schnüren, die man rafft. Aber auch ich war hungrig wie sie, auch müde, doch glücklich trotz meiner Trauer, denn es war schön, dort zu stehen, die Hände in den Taschen, den Möwen zuzusehen und Trauer zu trinken.

Plötzlich aber legte sich eine amtliche Hand auf meine Schulter, und eine Stimme sagte: „Kommen Sie mit!" Dabei versuchte die Hand, mich an der Schulter zu zerren und herumzureißen. Ich blieb stehen, schüttelte sie ab und sagte ruhig: „Sie sind verrückt."

„Kamerad", sagte der immer noch Unsichtbare zu mir, „ich warne Sie."

„Mein Herr", gab ich zurück.

„Es gibt keine Herren", rief er zornig. „Wir sind alle Kameraden."

Und nun trat er neben mich, blickte mich von der Seite an, und ich war gezwungen, meinen glücklich schweifenden Blick zurückzuholen und in seine braven Augen zu versenken: Er war ernst wie ein Büffel, der seit Jahrzehnten nichts anderes gefressen hat als die Pflicht.

„Welchen Grund . . .", wollte ich anfangen.

„Grund genug", sagte er, „Ihr trauriges Gesicht."

Ich lachte.

„Lachen Sie nicht!" Sein Zorn war echt. Erst hatte ich gedacht, es sei ihm langweilig gewesen, weil keine unregistrierte Hure, kein taumelnder Seemann, nicht Dieb noch Durchbrenner[1] zu verhaften war, aber nun sah ich, daß es Ernst war: er wollte mich verhaften.

„Kommen Sie mit . . .!"

„Und weshalb?" fragte ich ruhig.

Ehe ich mich versehen hatte, war mein linkes Handgelenk mit einer dünnen Kette umschlossen, und in diesem Augenblick wußte ich, daß ich wieder verloren war. Ein letztes Mal wandte ich mich zu den schweifenden Möwen, blickte in den schönen grauen Himmel und versuchte, mich mit einer plötzlichen Wendung ins Wasser zu stürzen, denn es schien mir doch schöner, selbst in dieser schmutzigen Brühe allein zu ertrinken, als irgendwo auf einem Hinterhof von den Sergeanten erdrosselt oder wieder eingesperrt zu werden. Aber der Polizist hatte mich mit einem Ruck so nahe gezogen, daß kein Entweichen mehr möglich war.

„Und weshalb?" fragte ich noch einmal.

„Es gibt das Gesetz, daß Sie glücklich zu sein haben."

„Ich bin glücklich!" rief ich.

„Ihr trauriges Gesicht . . .", er schüttelte den Kopf.

„Aber dieses Gesetz ist neu", sagte ich.

„Es ist sechsunddreißig Stunden alt, und Sie wissen wohl, daß jedes Gesetz vierundzwanzig Stunden nach seiner Verkündung in Kraft tritt."

„Aber ich kenne es nicht."

„Kein Schutz vor Strafe. Es wurde vorgestern verkündet, durch alle Lautsprecher, in allen Zeitungen, und denjenigen", hier blickte er mich verächtlich an, „denjenigen, die weder der Segnungen der Presse noch der des Funks teilhaftig sind, wurde es durch Flugblätter bekanntgegeben, über allen Straßen des Reiches wurden sie abgeworfen. Es wird sich also zeigen, wo Sie die letzten sechsunddreißig Stunden verbracht haben, Kamerad."

Er zog mich fort. Jetzt erst spürte ich, daß es kalt war und ich keinen Mantel hatte, jetzt erst kam mein Hunger richtig hoch und knurrte vor der Pforte des Magens, jetzt erst begriff ich, daß ich auch schmutzig war, unrasiert, zerlumpt, und daß es Gesetze gab, nach denen jeder Kamerad sauber, rasiert, glücklich und satt zu sein hatte. Er schob mich vor sich her wie eine Vogelscheuche, die, des Diebstahls überführt, die Stätte ihrer Träume am Feldrain hat verlassen müssen. Die Straßen waren leer, der Weg zum Revier nicht weit, und obwohl ich gewußt hatte, daß sie bald wieder einen Grund finden würden, mich zu verhaften, so wurde mein Herz doch schwer, denn er führte mich durch die Stätten meiner Jugend, die ich nach der Besichtigung des Hafens hatte besuchen wollen: Gärten, die voll Sträucher gewesen waren, schön von Unordnung, überwachsene Wege – alles dieses war nun planiert, geordnet, sauber, viereckig für die vaterländischen Verbände hergerichtet, die montags, mittwochs und samstags hier ihre Aufmärsche durchzuführen hatten. Nur der Himmel war wie früher und die Luft wie in jenen Tagen, da mein Herz voller Träume gewesen war.

Hier und da im Vorübergehen sah ich, daß in mancher Liebeskaserne schon das staatliche Zeichen für jene ausgehängt wurde, die mittwochs an der Reihe waren, der hygienischen Freude teilhaftig zu werden; auch manche Kneipen schienen bevollmächtigt, das Zeichen des Trunkes schon auszuwerfen, ein aus Blech gestanztes Bierglas, das in den Farben des Reiches quergestreift war: hellbraun-dunkelbraun-hellbraun. Freude herrschte sicher schon in den Herzen derer, die in der staatlichen Liste der Mittwochtrinker geführt wurden und des Mittwochsbieres teilhaftig werden würden.

Allen Leuten, die uns begegneten, haftete das unverkennbare Zeichen des Eifers an, das dünne Fluidum der Emsigkeit umgab sie, um so mehr wohl, da sie den Polizisten erblickten; alle gingen schneller, machten ein vollkommen pflichterfülltes Gesicht, und die Frauen, die aus den Magazinen kamen, waren bemüht, ihren Gesichtern den Ausdruck jener Freude zu verleihen, die man von ihnen erwartete, denn es war geboten, Freude zu zeigen, muntere Heiterkeit über die Pflichten der Hausfrau, die abends den staatlichen Arbeiter mit gutem Mahl zu erfrischen angehalten war.[2]

Aber alle diese Leute wichen uns geschickt aus, so, daß keiner unmittelbar unseren Weg zu kreuzen gezwungen war; wo sich Spuren von Leben auf der Straße zeigten, verschwanden sie zwanzig Schritte vor uns, jeder bemühte sich, schnell in ein Magazin einzutreten oder um eine Ecke zu biegen, und mancher mag ein ihm unbekanntes Haus betreten und hinter der Tür ängstlich gewartet haben, bis unsere Schritte verhallt waren.

Nur einmal, als wir gerade eine Straßenkreuzung passierten, begegnete uns ein älterer Mann, an dem ich flüchtig die Abzeichen des Schulmeisters erkannte; er konnte nicht mehr ausweichen und bemühte sich nun, nachdem er erst vorschriftsmäßig den Polizisten gegrüßt hatte (indem er sich selbst zum Zeichen absoluter Demut dreimal mit der flachen Hand auf den Kopf schlug), bemühte er sich also, seine Pflicht zu erfüllen, die von ihm verlangte, mir dreimal ins Gesicht zu speien und mich mit dem obligatorischen Ruf „Verräterschwein" zu belegen. Er zielte gut, doch war der Tag heiß gewesen, seine Kehle mußte trocken sein, denn es trafen mich nur einige kümmerliche, ziemlich substanzlose Flatschen, die ich – entgegen der Vorschrift – unwillkürlich mit dem Ärmel abzuwischen versuchte; daraufhin trat mich der Polizist in den Hintern und schlug mich mit der Faust in die Mitte des Rückgrates, fügte mit ruhiger Stimme hinzu: „Stufe 1", was soviel bedeutet wie: erste mildeste Form der von jedem Polizisten anwendbaren Bestrafung.

Der Schulmeister war schnell von dannen geeilt. Sonst gelang es allen, uns auszuweichen; nur eine Frau noch, die gerade an einer Liebeskaserne vor den abendlichen Freuden die vorgeschriebene Lüftung vornahm, eine blasse, geschwollene Blondine, warf mir flüchtig eine Kußhand zu, und ich lächelte dankbar, während der Polizist sich bemühte, so zu tun, als habe er nichts bemerkt. Sie sind angehalten, diesen Frauen Freiheiten zu gestatten, die jedem anderen Kameraden unweigerlich schwere Bestrafung einbringen würden; denn da sie sehr wesentlich zur Hebung der allgemeinen Arbeitsfreude beitragen, läßt man sie als außerhalb des Gesetzes stehend gelten, ein Zugeständnis, dessen Tragweite der Staatsphilosoph Dr Dr Dr Bleigoeth in der obligatorischen Zeitschrift für (Staats) Philosophie als ein Zeichen beginnender Liberalisierung gebrandmarkt hat. Ich hatte es am Tage vorher auf meinem Wege in die Hauptstadt gelesen, als ich auf dem Klo eines Bauernhofes einige Seiten der Zeitschrift fand, die ein Student –

wahrscheinlich der Sohn des Bauern – mit sehr geistreichen Glossen versehen hatte.

Zum Glück erreichten wir jetzt die Station, denn eben ertönten die Sirenen, und das bedeutete, daß die Straßen überströmen würden von Tausenden von Leuten mit einem milden Glück auf den Gesichtern (denn es war befohlen, bei Arbeitsschluß eine nicht zu große Freude zu zeigen, weil sich dann erweise, daß die Arbeit eine Last sei; Jubel dagegen sollte bei Beginn der Arbeit herrschen, Jubel und Gesang), alle diese Tausende hätten mich anspucken müssen. Allerdings bedeutete das Sirenenzeichen zehn Minuten vor Feierabend, denn jeder war angehalten, sich zehn Minuten einer gründlichen Waschung hinzugeben, gemäß der Parole des derzeitigen Staatschefs: Glück und Seife.

Die Tür zum Revier dieses Viertels, einem einfachen Betonklotz, war von zwei Posten bewacht, die mir im Vorübergehen die übliche „körperliche Maßnahme" angedeihen ließen: sie schlugen mir ihre Seitengewehre heftig gegen die Schläfe und knallten mir die Läufe ihrer Pistolen gegen das Schlüsselbein, gemäß der Präambel zum Staatsgesetz Nr. 1: „Jeder Polizist hat sich jedem Ergriffenen (sie meinen Verhafteten) gegenüber als Gewalt an sich zu dokumentieren, ausgenommen der, der ihn ergreift, da dieser des Glücks teilhaftig werden wird, bei der Vernehmung die erforderlichen körperlichen Maßnahmen vorzunehmen." Das Staatsgesetz Nr. 1 selbst hat folgenden Wortlaut. „Jeder Polizist *kann* jeden bestrafen, er *muß* jeden bestrafen, der sich eines Vergehens schuldig gemacht hat. Es gibt für alle Kameraden keine Straffreiheit, sondern eine Straffreiheitsmöglichkeit."

Wir durchschritten nun einen langen kahlen Flur, der mit vielen großen Fenstern versehen war; dann öffnete sich automatisch eine Tür, denn inzwischen hatten die Posten unsere Ankunft schon durchgegeben, und in jenen Tagen, da alles glücklich war, brav, ordentlich, und jeder sich bemühte, das vorgeschriebene Pfund Seife am Tage zu verwaschen, in jenen Tagen bedeutete die Ankunft eines Ergriffenen (Verhafteten) schon ein Ereignis.

Wir betraten einen fast leeren Raum, der nur einen Schreibtisch mit Telefon und zwei Sessel enthielt, ich selbst hatte mich in die Mitte des Raumes zu postieren; der Polizist nahm seinen Helm ab und setzte sich.

Erst war Stille und nichts geschah; sie machen es immer so; das ist das Schlimmste; ich spürte, wie mein Gesicht immer mehr zusammenfiel, ich war müde und hungrig, und auch die letzte Spur jenes Glückes der Trauer war nun verschwunden, denn ich wußte, daß ich verloren war.

Nach wenigen Sekunden trat wortlos ein blasser langer Mensch ein, in der bräunlichen Uniform des Vorvernehmers; er setzte sich ohne ein Wort zu sagen hin und blickte mich an.

„Beruf?"

„Einfacher Kamerad."

„Geboren?"

„1. 1. eins", sagte ich.

„Letzte Beschäftigung?"

„Sträfling."

Die beiden blickten sich an.

„Wann und wo entlassen?"

„Gestern, Haus 12, Zelle 13."

„Wohin entlassen?"

„In die Hauptstadt."

„Schein."

Ich nahm aus meiner Tasche den Entlassungsschein und reichte ihn hinüber. Er heftete ihn an die grüne Karte, die er mit meinen Angaben zu beschreiben begonnen hatte.

„Damaliges Delikt?"

„Glückliches Gesicht."

Die beiden blickten sich an.

„Erklären", sagte der Vorvernehmer.

„Damals", sagte ich, „fiel mein glückliches Gesicht einem Polizisten auf an einem Tage, da allgemeine Trauer befohlen war. Es war der Todestag des Chefs."

„Länge der Strafe?"

„Fünf."

„Führung?"

„Schlecht."

„Grund?"

„Mangelhafter Arbeitseinsatz."

„Erledigt."

Dann erhob sich der Vorvernehmer, trat auf mich zu und schlug mir genau die drei vorderen mittleren Zähne aus: ein Zeichen, daß ich als Rückfälliger gebrandmarkt werden sollte, eine verschärfte Maßnahme, auf die ich nicht gerechnet hatte. Dann verließ der Vorvernehmer den Raum, und ein dicker Bursche in einer dunkelbraunen Uniform trat ein: der Vernehmer.

Sie schlugen mich alle: der Vernehmer, der Obervernehmer, der Hauptvernehmer, der Anrichter und der Schlußrichter, und nebenbei vollzog der Polizist alle körperlichen Maßnahmen, wie das Gesetz es befahl; und sie verurteilten mich wegen meines traurigen Gesichtes zu zehn Jahren, so wie sie mich fünf Jahre vorher wegen meines glücklichen Gesichtes zu fünf Jahren verurteilt hatten.

Ich aber muß versuchen, gar kein Gesicht mehr zu haben, wenn es mir gelingt, die nächsten zehn Jahre bei Glück und Seife zu überstehen . . .

[1]Der Durchbrenner – absconder   [2]anhalten – to encourage

Die ungezählte Geliebte

Die haben mir meine Beine geflickt und haben mir einen Posten gegeben, wo ich sitzen kann: ich zähle die Leute, die über die neue Brücke gehen. Es macht ihnen ja Spaß, sich ihre Tüchtigkeit mit Zahlen zu belegen, sie berauschen sich an diesem sinnlosen Nichts aus ein paar Ziffern, und den ganzen Tag, den ganzen Tag geht mein stummer Mund wie ein Uhrwerk, indem ich Nummer auf Nummer häufe, um ihnen abends den Triumph einer Zahl zu schenken. Ihre Gesichter strahlen, wenn ich ihnen das Ergebnis meiner Schicht mitteile, je höher die Zahl, um so mehr strahlen sie, und sie haben Grund, sich befriedigt ins Bett zu legen, denn viele Tausende gehen täglich über ihre neue Brücke ...

Aber ihre Statistik stimmt nicht. Es tut mir leid, aber sie stimmt nicht. Ich bin ein unzuverlässiger Mensch, obwohl ich es verstehe, den Eindruck von Biederkeit zu erwecken.

Insgeheim macht es mir Freude, manchmal einen zu unterschlagen und dann wieder, wenn ich Mitleid empfinde, ihnen ein paar zu schenken. Ihr Glück liegt in meiner Hand. Wenn ich wütend bin, wenn ich nichts zu rauchen habe, gebe ich nur den Durchschnitt an, manchmal unter dem Durchschnitt, und wenn mein Herz aufschlägt, wenn ich froh bin, lasse ich meine Großzügigkeit in einer fünfstelligen Zahl verströmen. Sie sind ja so glücklich! Sie reißen mir jedesmal das Ergebnis förmlich[1] aus der Hand, und ihre Augen leuchten auf, und sie klopfen mir auf die Schulter. Sie ahnen ja nichts! Und dann fangen sie an zu multiplizieren, zu dividieren, zu prozentualisieren, ich weiß nicht was. Sie rechnen aus, wieviel heute jede Minute über die Brücke gehen und wieviel in zehn Jahren über die Brücke gegangen sein werden. Sie lieben das zweite Futur, das zweite Futur[2] ist ihre Spezialität – und doch, es tut mir leid, daß alles nicht stimmt ...

Wenn meine kleine Geliebte über die Brücke kommt – und sie kommt zweimal am Tage –, dann bleibt mein Herz einfach stehen. Das unermüdliche Ticken meines Herzens setzt einfach aus, bis sie in die Allee eingebogen und verschwunden ist. Und alle, die in dieser Zeit passieren, verschweige ich ihnen. Diese zwei Minuten gehören mir, mir ganz allein, und ich lasse sie mir nicht nehmen. Und auch wenn sie abends wieder zurückkommt aus ihrer Eisdiele – ich weiß inzwischen, daß sie in einer Eisdiele arbeitet –, wenn sie auf der anderen Seite des Gehsteiges meinen stummen Mund passiert, der zählen, zählen muß, dann setzt mein Herz wieder aus, und ich fange erst wieder an zu zählen, wenn sie nicht mehr zu sehen ist. Und alle, die das Glück haben, in diesen Minuten vor meinen blinden Augen zu defilieren, gehen nicht in die Ewigkeit der Statistik ein: Schattenmänner und Schattenfrauen, nichtige Wesen, die im zweiten Futur der Statistik nicht mitmarschieren werden ...

Es ist klar, daß ich sie liebe. Aber sie weiß nichts davon, und ich möchte auch nicht, daß sie es erfährt. Sie soll nicht ahnen, auf welche ungeheure Weise sie alle Berechnungen über den Haufen wirft,[2] und ahnungslos und unschuldig soll sie mit ihren langen braunen Haaren und den zarten Füßen in ihre Eisdiele marschieren, und sie soll viel Trinkgeld bekommen. Ich liebe sie. Es ist ganz klar, daß ich sie liebe.

Neulich haben sie mich kontrolliert. Der Kumpel, der auf der anderen Seite sitzt und die Autos zählen muß, hat mich früh genug gewarnt, und ich habe höllisch aufgepaßt. Ich habe gezählt wie verrückt, ein Kilometerzähler kann nicht besser zählen. Der Oberstatistiker selbst hat sich drüben auf die andere Seite gestellt und hat später sein Ergebnis einer Stunde mit meinem Stundenergebnis verglichen. Ich hatte nur einen weniger als er. Meine kleine Geliebte war vorbeigekommen, und niemals im Leben werde ich dieses hübsche Kind ins zweite Futur transponieren lassen, diese meine kleine Geliebte soll nicht multipliziert und dividiert und in ein prozentuales Nichts[3] verwandelt werden. Mein Herz hat mir geblutet, daß ich zählen mußte, ohne ihr nachsehen zu können, und dem Kumpel drüben, der die Autos zählen muß, bin ich sehr dankbar gewesen. Es ging ja glatt um meine Existenz.

Der Oberstatistiker hat mir auf die Schulter geklopft und hatgesagt, daß ich gut bin, zuverlässig und treu. „Eins in der Stunde verzählt", hat er gesagt, „macht nicht viel. Wir zählen sowieso einen gewissen prozentualen Verschleiß hinzu.[4] Ich werde beantragen, daß Sie zu den Pferdewagen versetzt werden."

Pferdewagen ist natürlich die Masche.[5] Pferdewagen ist ein Lenz[6] wie nie zuvor. Pferdewagen gibt es höchstens fünfundzwanzig am Tage, und alle halbe Stunde einmal in seinem Gehirn die nächste Nummer fallen zu lassen, das ist ein Lenz!

Pferdewagen wäre herrlich. Zwischen vier und acht dürfen überhaupt keine Pferdewagen über die Brücke, und ich könnte spazierengehen oder in die Eisdiele, könnte sie mir lange anschauen oder sie vielleicht ein Stück nach Hause bringen, meine kleine ungezählte Geliebte . . . .

[1] förmlich – literally
[2] das zweite Futur – future perfect
[3] ein prozentuales Nichts – a meaningless percentage
[4] der Verschleiß – margin of error
[5] die Masche – *the* thing
[6] ein Lenz – a cushy job

Brecht

Wenn die Haifische Menschen wären

„Wenn die Haifische[1] Menschen wären", fragte Herrn K. die kleine Tochter seiner Wirtin, „wären sie dann netter zu den kleinen Fischen?" „Sicher", sagte er. „Wenn die Haifische Menschen wären, würden sie im Meer für die kleinen Fisch gewaltige Kästen bauen lassen, mit allerhand Nahrung drin, sowohl Pflanzen als auch Tierzeug. Sie würden sorgen, daß die Kästen immer frisches Wasser hätten, und sie würden überhaupt allerhand sanitäre Maßnahmen treffen. Wenn zum Beispiel ein Fischlein sich die Flosse verletzen würde, dann würde ihm sogleich ein Verband gemacht, damit es den Haifischen nicht wegstürbe vor der Zeit. Damit die Fischlein nicht trübsinnig würden, gäbe es ab und zu große Wasserfeste; denn lustige Fischlein schmecken besser als trübsinnige. Es gäbe natürlich auch Schulen in den großen Kästen. In diesen Schulen würden die Fischlein lernen, wie man in den Rachen[2] der Haifische schwimmt. Sie würden zum Beispiel Geographie brauchen, damit sie die großen Haifische, die faul irgendwo liegen, finden könnten. Die Hauptsache wäre natürlich die moralische Ausbildung der Fischlein. Sie würden unterrichtet werden, daß es das Größte und Schönste sei, wenn ein Fischlein sich freudig aufopfert, und daß sie alle an die Haifische glauben müßten, vor allem, wenn sie sagten, sie würden für eine schöne Zukunft sorgen. Man würde den Fischlein beibringen, daß diese Zukunft nur gesichert sei, wenn sie Gehorsam lernten. Vor allen niedrigen, materialistischen, egoistischen und marxistischen Neigungen müßten sich die Fischlein hüten und es sofort den Haifischen melden, wenn eines von ihnen solche Neigungen verriete. Wenn die Haifische Menschen wären, würden sie natürlich auch untereinander Kriege führen, um fremde Fischkästen und fremde Fischlein zu erobern. Die Kriege würden sie von ihren eigenen Fischlein führen lassen. Sie würden die Fischlein lehren, daß zwischen ihnen und den Fischlein der anderen Haifische ein riesiger Unterschied bestehe. Die Fischlein, würden sie verkünden, sind bekanntlich stumm, aber sie schweigen in ganz verschiedenen Sprachen und können einander daher unmöglich verstehen. Jedem Fischlein, das im Krieg ein paar andere Fischlein, feindliche, in anderer Sprache schweigende Fischlein tötete, würden sie einen kleinen Orden aus Seetang anheften und den Titel Held verleihen. Wenn die Haifische Menschen wären, gäbe es bei ihnen natürlich auch eine Kunst. Es gäbe schöne Bilder, auf denen die Zähne der Haifische in prächtigen Farben, ihre Rachen als reine Lustgärten, in denen es sich prächtig tummeln läßt, dargestellt wären. Die Theater

auf dem Meeresgrund würden zeigen, wie heldenmütige Fischlein
begeistert in die Haifischrachen schwimmen, und die Musik wäre so
schön, daß die Fischlein unter ihren Klängen, die Kapelle voran,
träumerisch, und in allerangenehmste Gedanken eingelullt, in die
Haifischrachen strömten. Auch eine Religion gäbe es da, wenn die
Haifische Menschen wären. Sie würde lehren, daß die Fischlein erst
im Bauch der Haifische richtig zu leben begännen. Übrigens würde
es auch aufhören, wenn die Haifische Menschen wären, daß alle
Fischlein, wie es jetzt ist, gleich sind. Einige von ihnen würden Ämter
bekommen und über die anderen gesetzt werden. Die ein wenig
größeren dürften sogar die kleineren auffressen. Das wäre für die
Haifische nur angenehm, da sie dann selber öfter größere Brocken zu
fressen bekämen. Und die größeren, Posten habenden Fischlein
würden für die Ordnung unter den Fischlein sorgen, Lehrer,
Offiziere, Ingenieure im Kastenbau usw. werden. Kurz, es gäbe überhaupt erst eine Kultur im Meer, wenn die Haifische Menschen
wären."

¹ der Haifisch – shark
² der Rachen – the jaw

Von der Kindesmörderin Marie Farrar

Marie Farrar, geboren im April
Unmündig,¹ merkmallos, rachitisch,² Waise
Bislang angeblich unbescholten, will³
Ein Kind ermordet haben in der Weise:
Sie sagt, sie habe schon im zweiten Monat
Bei einer Frau in einem Kellerhaus
Versucht, es abzutreiben⁴ mit zwei Spritzen
Angeblich schmerzhaft, doch ging's nicht heraus.
    Doch ihr, ich bitte euch, wollt nicht in Zorn verfallen
    Denn alle Kreatur braucht Hilf von allen.

Sie habe dennoch, sagt sie, gleich bezahlt
Was ausgemacht war, sich fortan geschnürt
Auch Sprit getrunken, Pfeffer drin vermahlt
Doch habe sie das nur stark abgeführt.⁵
Ihr Leib sei zusehends geschwollen, habe
Auch stark geschmerzt, beim Tellerwaschen oft.
Sie selbst sei, sagt sie, damals noch gewachsen.
Sie habe zu Marie gebetet, viel erhofft.
    Auch ihr, ich bitte euch, wollt nicht in Zorn verfallen
    Denn alle Kreatur braucht Hilf von allen.

Doch die Gebete hätten, scheinbar, nichts genützt.
Es war auch viel verlangt. Als sie dann dicker war
Hab ihr in Frühmetten⁶ geschwindelt. Oft hab sie geschwitzt
Auch Angstschweiß, häufig unter dem Altar.
Doch hab den Zustand sie geheimgehalten
Bis die Geburt sie nachher überfiel.
Es sei gegangen, da wohl niemand glaubte
Daß sie, sehr reizlos, in Versuchung fiel.
    Und ihr, ich bitte euch, wollt nicht in Zorn verfallen
    Denn alle Kreatur braucht Hilf von allen.

An diesem Tag, sagt sie, in aller Früh
Ist ihr beim Stiegenwischen so, als krallten
Ihr Nägel in den Bauch. Es schüttelt sie.
Jedoch gelingt es ihr, den Schmerz geheimzuhalten.
Den ganzen Tag, es ist beim Wäschehängen
Zerbricht sie sich den Kopf; dann kommt sie drauf
Daß sie gebären sollte, und es wird ihr
Gleich schwer ums Herz. Erst spät geht sie hinauf.
    Doch ihr, ich bitte euch, wollt nicht in Zorn verfallen
    Denn alle Kreatur braucht Hilf von allen.

Man holte sie noch einmal, als sie lag:
Schnee war gefallen, und sie mußte kehren.⁷
Das ging bis elf. Es war ein langer Tag.
Erst in der Nacht konnt sie in Ruhe gebären.
Und sie gebar, so sagt sie, einen Sohn.
Der Sohn war ebenso wie andere Söhne.
Doch sie war nicht, wie andre Mütter sind, obschon –
Es liegt kein Grund vor, daß ich sie verhöhne.
    Auch ihr, ich bitte euch, wollt nicht in Zorn verfallen
    Denn alle Kreatur braucht Hilf von allen.

So laßt sie also weiter denn erzählen
Wie es mit diesem Sohn geworden ist
(Sie wolle davon, sagt sie, nichts verhehlen)
Damit man sieht, wie ich bin und du bist.
Sie sagt, sie sei, nur kurz im Bett, von Übel-
keit stark befallen worden, und allein
Hab sie, nicht wissend, was geschehen sollte
Mit Mühe sich bezwungen, nicht zu schrein.
    Und ihr, ich bitte euch, wollt nicht in Zorn verfallen
    Denn alle Kreatur braucht Hilf von allen.

Mit letzter Kraft hab sie, so sagt sie, dann
Da ihre Kammer auch eiskalt gewesen
Sich zum Abort geschleppt und dort auch (wann
Weiß sie nicht mehr) geborn ohn Federlesen[8]
So gegen Morgen zu. Sie sei, sagt sie
Jetzt ganz verwirrt gewesen, habe dann
Halb schon erstarrt, das Kind kaum halten können
Weil es in den Gesindabort[9] hereinschnein kann.
Und ihr, ich bitte euch, wollt nicht in Zorn verfallen
Denn alle Kreatur braucht Hilf von allen.

Dann zwischen Kammer und Abort — vorher, sagt sie
Sei noch gar nichts gewesen — fing das Kind
Zu schreien an, das hab sie so verdrossen, sagt sie
Daß sie's mit beiden Fäusten, ohne Aufhörn, blind
So lang geschlagen habe, bis es still war, sagt sie.
Hierauf hab sie das Tote noch durchaus
Zu sich ins Bett genommen für den Rest der Nacht
Und es versteckt am Morgen in dem Wäschehaus.
Doch ihr, ich bitte euch, wollt nicht in Zorn verfallen
Denn alle Kreatur braucht Hilf vor allem.

Marie Farrar, geboren im April
Gestorben im Gefängnishaus zu Meißen
Ledige Kindesmutter, abgeurteilt, will
Euch die Gebrechen[10] aller Kreatur erweisen.
Ihr, die ihr gut gebärt in saubern Wochenbetten
Und nennt „gesegnet" euren schwangeren Schoß
Wollt nicht verdammen die verworfnen Schwachen
Denn ihre Sünd war schwer, doch ihr Leid groß.
Darum, ich bitte euch, wollt nicht in Zorn verfallen
Denn alle Kreatur braucht Hilf von allen.

[1] unmündig — under-age
[2] rachitisch — rickety
[3] wollen — to claim
[4] abtreiben — to abort
[5] abführen — to excrete
[6] die Frühmette — matins
[7] kehren — to sweep
[8] ohne Federlesen — without ceremony
[9] der Gesindabort — servant's lavatory
[10] die Gebrechen — weakness

Goethe

Gretchens Bitte (aus *Urfaust*)

Ach neige,[1]
Du schmerzenreiche[2]
Dein Antlitz[3] ab zu meiner Not.

Das Schwert im Herzen,
Mit tauben Schmerzen
Blickst auf zu deines Sohnes Tod!
Zum Vater Blickst du
Und Seufzer schickst du
Hinauf um sein und deine Not!

Wer fühlet,
Wie wühlet
Der Schmerz mir im Gebein?

Was mein armes Herz hier banget,
Was es zittert, was verlanget,
Weißt nur du, nur du allein.

Wohin ich immer gehe,
Wie Weh, wie Weh, wie wehe
Wird mir im Busen hier.
Ich bin ach kaum alleine,
Ich wein, ich wein, ich weine,
Das Herz zerbricht in mir.

Die Scherben vor meinem Fenster
Betaut ich mit Tränen ach!
Als ich am frühen Morgen
Dir diese Blumen brach.

Schien hell in meine Kammer
Die Sonne früh herauf,
Saß ich in allem Jammer
In meinem Bett schon auf.

Hilf retten mich von Schmach und Tod!
Ach neige
Du schmerzenreiche
Dein Antlitz ab zu meiner Not!

¹ neigen – to incline ² schmerzenreich – i.e. Virgin Mary ³ das Antlitz – face

Vor Gericht

Von wem ich es habe, das sag ich euch nicht,
Das Kind in meinem Leib.
„Pfui!" speit ihr aus: „die Hure da!"
Bin doch ein ehrlich Weib.

Mit wem ich mich traute, das sag ich euch nicht.
Mein Schatz ist lieb und gut,
Trägt er eine goldene Kett am Hals,
Trägt er einen strohernen Hut.

Soll Spott und Hohn getragen sein,
Trag ich allein den Hohn.
Ich kenn ihn wohl, er kennt mich wohl,
Und Gott weiß auch davon.

Herr Pfarrer und Herr Amtmann ihr,
Ich bitte, laßt mich in Ruh!
Es ist mein Kind, es bleibt mein Kind,
Ihr gebt mir ja nichts dazu.

Marti

Eine Leichenrede

Ein neues Gesetz gebe ich euch: Keiner befiehlt! *Ludwig Derleth*
Le vent se lève – il faut tenter de vivre.
Pariser Mauerinschrift, Mai 1968

als sie mit zwanzig
ein kind erwartete
wurde ihr heirat
befohlen

24

als sie geheiratet hatte
wurde ihr verzicht
auf alle studienpläne
befohlen

als sie mit dreißig
noch unternehmungslust zeigte
wurde ihr dienst im hause
befohlen

als sie mit vierzig
noch einmal zu leben versuchte
wurde ihr anstand und tugend
befohlen

als sie mit fünfzig
verbraucht und enttäuscht war
zog ihr mann
zu einer jüngeren frau

liebe gemeinde
wir befehlen zu viel
wir gehorchen zu viel
wir leben zu wenig

Morgenstern

Die Behörde

Korf erhält vom Polizeibüro
ein geharnischt[1] Formular,
wer er sei und wie und wo.

Welchen Orts er bis anheute war,
welchen Stands und überhaupt,
wo geboren, Tag und Jahr.

Ob ihm überhaupt erlaubt,
hier zu leben und zu welchem Zweck,
wieviel Geld er hat und was er glaubt.

Umgekehrten Falls man ihn vom Fleck
in Arrest verführen würde, und
drunter steht: Borowsky, Heck.

Korf erwidert darauf kurz und rund:
„Einer hohen Direktion
stellt sich, laut persönlichem Befund,

untig angefertigte Person
als nichtexistent im Eigen-Sinn
bürgerlicher Konvention

vor und aus und zeichnet, wennschonhin
mitbedauernd nebigen Betreff,
Korf. (An die Bezirksbehörde in –.)"

Staunend liest der anbetroffne Chef.

[1] geharnischt – sharp, strong-worded

Der Werwolf [1]

Ein Werwolf eines Nachts entwich
von Weib und Kind und sich begab
an eines Dorfschullehrers Grab
und bat ihn: „Bitte, beuge mich!" [2]

Der Dorfschulmeister stieg hinauf
auf seines Blechschilds Messingknauf
und sprach zum Wolf, der seine Pfoten
geduldig kreuzte vor dem Toten:

„Der Werwolf", sprach der gute Mann,
„des Weswolfs, Genitiv sodann,
dem Wemwolf, Dativ, wie mans nennt,
den Wenwolf,– damit hats ein End."

Dem Werwolf schmeichelten die Fälle,
er rollte seine Augenbälle.
„Indessen," bat er, „füge doch
zur Einzahl auch die Mehrzahl noch!"

26

Der Dorfschulmeister aber mußte
gestehn, daß er von ihr nichts wußte.
Zwar Wölfe gäbs in großer Schar,
doch ‚Wer' gäbs nur im Singular.

Der Wolf erhob sich tränenblind –
er hatte ja doch Weib und Kind!!
Doch da er kein Gelehrter eben,
so schied er dankend und ergeben.

[1] der Werwolf – werewolf
[2] beugen – to inflect

Tucholsky

Park Monceau

Hier ist es hübsch. Hier kann ich ruhig träumen.
Hier bin ich Mensch – und nicht nur Zivilist.
Hier darf ich links gehn. Unter grünen Bäumen
sagt keine Tafel, was verboten ist.

Ein dicker Kullerball liegt auf dem Rasen.
Ein Vogel zupft an einem hellen Blatt.
Ein kleiner Junge gräbt sich in der Nasen
und freut sich, wenn er was gefunden hat.

Es prüfen vier Amerikanerinnen,
ob Cook auch recht hat und hier Bäume stehn.
Paris von außen und Paris von innen:
sie sehen nichts und müssen alles sehn.

Die Kinder lärmen auf den bunten Steinen.
Die Sonne scheint und glitzert auf ein Haus.
Ich sitze still und lasse mich bescheinen
und ruh von meinem Vaterlande aus.

Bernhard

Ereignis

Eine Maschine, die wie eine Guillotine ist, schneidet von einer sich langsam fortbewegenden Gummimasse große Stücke ab und läßt sie auf ein Fließband fallen, das sich einen Stock tiefer fortbewegt und an welchem Hilfsarbeiterinnen sitzen, die die abgeschnittenen Stücke zu kontrollieren und schließlich in große Kartons zu verpacken haben. Die Maschine ist erst neun Wochen in Betrieb, und den Tag, an welchem sie der Fabrikleitung übergeben wurde, wird niemand, der bei dieser Feierlichkeit anwesend war, vergessen. Sie war auf einem eigens für sie konstruierten Eisenbahnwaggon in die Fabrik geschafft worden, und die Festredner betonten, daß diese Maschine eine der größten Errungenschaften der Technik darstelle. Sie wurde bei ihrem Eintreffen in der Fabrik von einer Musikkapelle begrüßt, und die Arbeiter und die Ingenieure empfingen sie mit abgenommenen Hüten. Ihre Montage[1] dauerte vierzehn Tage, und die Besitzer konnten sich von ihrer Arbeitsleistung und Zuverlässigkeit überzeugen. Sie muß nur regelmäßig, und zwar alle vierzehn Tage, mit besonderen Ölen geschmiert werden. Zu diesem Zweck muß eine Arbeiterin eine Stahlwendeltreppe erklettern und das Öl durch ein Ventil langsam einfließen lassen. Der Arbeiterin wird alles bis ins kleinste erklärt. Trotzdem rutscht das Mädchen so unglücklich aus, daß es geköpft wird. Sein Kopf platzt wie die Gummistücke hinunter. Die Arbeiterinnen, die am Fließband sitzen, sind so entsetzt, daß keine von ihnen schreien kann. Sie behandeln den Mädchenkopf gewohnheitsmäßig wie die Gummistücke. Die letzte nimmt den Kopf und verpackt ihn in einen Karton.

[1] die Montage – assembly, installation

Heine

Die schlesischen Weber[1]

Im düstern Auge keine Träne,
Sie sitzen am Webstuhl[2] und fletschen die Zähne:
Deutschland, wir weben dein Leichentuch,
Wir weben hinein den dreifachen Fluch –
Wir weben, wir weben!

Ein Fluch dem Gotte, zu dem wir gebeten
In Winterskälte und Hungersnöten;
Wir haben vergebens gehofft und geharrt,
Er hat uns geäfft und gefoppt und genarrt –
    Wir weben, wir weben!

Ein Fluch dem König, dem König der Reichen,
Den unser Elend nicht konnte erweichen,
Der den letzten Groschen von uns erpreßt
Und uns wie Hunde erschießen läßt –
    Wir weben, wir weben!

Ein Fluch dem falschen Vaterlande,
Wo nur gedeihen Schmach und Schande,
Wo jede Blume früh geknickt,
Wo Fäulnis und Moder den Wurm erquickt –
    Wir weben, wir weben!

Das Schiffchen[3] fliegt, der Webstuhl kracht,
Wir weben emsig Tag und Nacht –
Altdeutschland, wir weben dein Leichentuch,
Wir weben hinein den dreifachen Fluch,
        Wir weben, wir weben!

[1] die Weber – the weavers
[2] der Webstuhl – loom
[3] das Schiffchen – shuttle

Kästner

Zeitgenossen, haufenweise

Es ist nicht leicht, sie ohne Haß zu schildern,
und ganz unmöglich geht es ohne Hohn.
Sie haben Köpfe wie auf Abziehbildern[1]
und, wo das Herz sein müßte, Telefon.

Sie wissen ganz genau, daß Kreise rund sind
und Invalidenbeine nur aus Holz.
Sie sprechen fließend, und aus diesem Grunde sind
sie Tag und Nacht – auch sonntags – auf sich stolz.

In ihren Händen wird aus allem Ware.
In ihrer Seele brennt elektrisch Licht.
Sie messen auch das Unberechenbare.
Was sich nicht zählen läßt, das gibt es nicht!

Sie haben am Gehirn enorme Schwielen,[2]
fast als benutzten sie es als Gesäß.
Sie werden rot, wenn sie mit Kindern spielen.
Die Liebe treiben sie programmgemäß.

Sie singen nie (nicht einmal im August)
ein hübsches, Weihnachtslied auf offner Straße.
Sie sind nie froh und haben immer Lust
und denken, wenn sie denken, durch die Nase.

Sie loben unermüdlich unsre Zeit,
ganz als erhielten sie von ihr Tantiemen.[3]
Ihr Intellekt liegt meistens doppelt breit.
Sie können sich nur noch zum Scheine schämen.

Sie haben Witz und können ihn nicht halten.
Sie wissen vieles, was sie nicht verstehn.
Man muß sie sehen, wenn sie Haare spalten!
Es ist, um an den Wänden hochzugehn.

Man sollte kleine Löcher in sie schießen!
Ihr letzter Schrei ist noch ein dernier cri.
Jedoch, sie haben viel zuviel Komplicen,
als daß sie sich von uns erschießen ließen.
Man trifft sie nie.

[1] das Abziehbild – transfer [2] die Schwiele – callous
[3] die Tantieme – author's royalty

Vornehme Leute, 1200 Meter hoch

Sie sitzen in den Grandhotels.
Ringsum sind Eis und Schnee.
Ringsum sind Berge und Wald und Fels.
Sie sitzen in den Grandhotels
und trinken immer Tee.

Sie haben ihren Smoking an.
Im Walde klirrt der Frost.
Ein kleines Reh hüpft durch den Tann.
Sie haben ihren Smoking an
und lauern auf die Post.

Sie tanzen Blues im Blauen Saal,
wobei es draußen schneit.
Es blitzt und donnert manches Mal,
Sie tanzen Blues im Blauen Saal
und haben keine Zeit.

Sie schwärmen sehr für die Natur
und heben den Verkehr.
Sie schwärmen sehr für die Natur
und kennen die Umgebung nur
von Ansichtskarten her.

Sie sitzen in den Grandhotels
und sprechen viel von Sport.
Doch einmal treten sie, im Pelz,
sogar vors Tor der Grandhotels –
und fahren wieder fort!

Rilke

Die Erblindende[1]

Sie saß so wie die anderen beim Tee.
Mir war zuerst, als ob sie ihre Tasse
ein wenig anders als die andern fasse.
Sie lächelte einmal. Es tat fast weh.

Und als man schließlich sich erhob und sprach
und langsam und wie es der Zufall brachte
durch viele Zimmer ging (man sprach und lachte),
da sah ich sie. Sie ging den andern nach,

verhalten, so wie eine, welche gleich
wird singen müssen und vor vielen Leuten;
auf ihren hellen Augen die sich freuten
war Licht von außen wie auf einem Teich.

31

Sie folgte langsam und sie brauchte lang
als wäre etwas noch nicht überstiegen;
und doch: als ob, nach einem Übergang,
sie nicht mehr gehen würde, sondern fliegen.

¹ die Erblindende – the woman going blind

Der Panther

Im Jardin des Plantes, Paris

Sein Blick ist vom Vorübergehn der Stäbe
so müd geworden, daß er nichts mehr hält.
Ihm ist, als ob es tausend Stäbe gäbe
und hinter tausend Stäben keine Welt.

Der weiche Gang geschmeidig starker Schritte,
der sich im allerkleinsten Kreise dreht,
ist wie ein Tanz von Kraft um eine Mitte,
in der betäubt ein großer Wille steht.

Nur manchmal schiebt der Vorhang der Pupille
sich lautlos auf –. Dann geht ein Bild hinein,
geht durch der Glieder angespannte Stille –
und hört im Herzen auf zu sein.

Hesse

Der Wolf

Noch nie war in den französischen Bergen ein so unheimlich kalter
und langer Winter gewesen. Seit Wochen stand die Luft klar, spröde
und kalt. Bei Tage lagen die großen, schiefen Schneefelder mattweiß
und endlos unter dem grellblauen Himmel, nachts ging klar und
klein der Mond über sie hinweg, ein grimmiger Frostmond von
gelbem Glanz, dessen starkes Licht auf dem Schnee blau und dumpf
wurde und wie der leibhaftige Frost aussah. Die Menschen mieden
alle Wege und namentlich die Höhen, sie saßen träge und

schimpfend in den Dorfhütten, deren rote Fenster nachts neben dem blauen Mondlicht rauchig trüb erschienen und bald erloschen.

Das war eine schwere Zeit für die Tiere der Gegend. Die kleineren erfroren in Menge, auch Vögel erlagen dem Frost, und die hageren Leichname fielen den Habichten und Wölfen zur Beute. Aber auch diese litten furchtbar an Frost und Hunger. Es lebten nur wenige Wolfsfamilien dort, und die Not trieb sie zu festerem Verband. Tagsüber gingen sie einzeln aus. Da und dort strich einer über den Schnee, mager, hungrig und wachsam, lautlos und scheu wie ein Gespenst. Sein schmaler Schatten glitt neben ihm über die Schneefläche. Spürend reckte er die spitze Schnause in den Wind und ließ zuweilen ein trockenes, gequältes Geheul vernehmen. Abends aber zogen sie vollzählig aus und drängten sich mit heiserem Heulen um die Dörfer. Dort war Vieh und Geflügel wohlverwahrt, und hinter festen Fensterladen lagen Flinten[1] angelegt. Nur selten fiel eine kleine Beute, etwa ein Hund, ihnen zu, und zwei aus der Schar waren schon erschossen worden.

Der Frost hielt immer noch an. Oft lagen die Wölfe still und brütend beisammen, einer am andern sich wärmend, und lauschten beklommen in die tote Öde hinaus, bis einer, von den grausamen Qualen des Hungers gefoltert, plötzlich mit schauerlichem Gebrüll aufsprang. Dann wandten alle anderen ihm die Schnauze zu, zitterten und brachen miteinander in ein furchtbares, drohendes und klagendes Heulen aus.

Endlich entschloß sich der kleinere Teil der Schar, zu wandern. Früh am Tage verließen sie ihre Löcher, sammelten sich und schnoberten erregt und angstvoll in die frostkalte Luft. Dann trabten sie rasch und gleichmäßig davon. Die Zurückgebliebenen sahen ihnen mit weiten, glasigen Augen nach, trabten ein paar Dutzend Schritte hinterher, blieben unschlüssig und ratlos stehen und kehrten langsam in ihre leeren Höhlen zurück.

Die Auswanderer trennten sich am Mittag voneinander. Drei von ihnen wandten sich östlich dem Schweizer Jura zu, die anderen zogen südlich weiter. Die drei waren schöne, starke Tiere, aber entsetzlich abgemagert. Der eingezogene helle Bauch war schmal wie ein Riemen, auf der Brust standen die Rippen jämmerlich heraus, die Mäuler waren trocken und die Augen weit und verzweifelt. Zu dreien kamen sie weit in den Jura hinein, erbeuteten am zweiten Tag einen Hammel,[2] am dritten einen Hund und ein Füllen[3] und wurden von allen Seiten her wütend vom Landvolk verfolgt. In der Gegend, welche reich an Dörfern und Städtchen ist, verbreitete sich Schrecken und Scheu vor den ungewohnten Eindringlingen. Die Postschlitten wurden bewaffnet, ohne Schießgewehr ging niemand von einem Dorf zum anderen. In der fremden Gegend, nach so guter Beute, fühlten sich die drei Tiere zugleich scheu und wohl; sie wurden tollkühner als je zu Hause und brachen am hellen Tage in

den Stall eines Meierhofes. Gebrüll von Kühen, Geknatter splitternder Holzschranken, Hufegetrampel und heißer, lechzender Atem
erfüllten den engen, warmen Raum. Aber diesmal kamen Menschen
dazwischen. Es war ein Preis auf die Wölfe gesetzt, das verdoppelte
den Mut der Bauern. Und sie erlegten zwei von ihnen, dem einen
ging ein Flintenschuß durch den Hals, der andere wurde mit einem
Beil erschlagen. Der dritte entkam und rannte so lange, bis er halbtot
auf den Schnee fiel. Er war der jüngste und schönste von den Wölfen,
ein stolzes Tier von mächtiger Kraft und gelenken Formen. Lange
blieb er keuchend liegen. Blutig rote Kreise wirbelten vor seinen
Augen, und zuweilen stieß er ein pfeifendes, schmerzliches Stöhnen
aus. Ein Beilwurf hatte ihm den Rücken getroffen. Doch erholte er
sich und konnte sich wieder erheben. Erst jetzt sah er, wie weit er
gelaufen war. Nirgends waren Menschen oder Häuser zu sehen.
Dicht vor ihm lag ein verschneiter, mächtiger Berg. Es war der
Chasseral. Er beschloß, ihn zu umgehen. Da ihn Durst quälte, fraß
er kleine Bissen von der gefrorenen, harten Kruste der Schneefläche.

Jenseits des Berges traf er sogleich auf ein Dorf. Es ging gegen
Abend. Er wartete in einem dichten Tannenforst. Dann schlich er
vorsichtig um die Gartenzäune, dem Geruch warmer Ställe folgend.
Niemand war auf der Straße. Scheu und lüstern blinzelte er
zwischen den Häusern hindurch. Da fiel ein Schuß. Er warf den
Kopf in die Höhe und griff zum Laufen aus, als schon ein zweiter
Schuß knallte. Er war getroffen. Sein weißlicher Unterleib war an
der Seite mit Blut befleckt, das in dicken Tropfen zäh herabrieselte.
Dennoch gelang es ihm, mit großen Sätzen zu entkommen und den
jenseitigen Begwald zu erreichen. Dort wartete er horchend einen
Augenblick und hörte von zwei Seiten Stimmen und Schritte. Angstvoll blickte er am Berg empor. Er war steil, bewaldet und mühselig
zu ersteigen. Doch blieb ihm keine Wahl. Mit keuchendem Atem
klomm er die steile Bergwand hinan, während unten ein Gewirre von
Flüchen, Befehlen und Laternenlichtern sich den Berg entlangzog.
Zitternd kletterte der verwundete Wolf durch den halbdunkeln
Tannenwald, während aus seiner Seite langsam das braune Blut
hinabbrann.

Die Kälte hatte nachgelassen. Der westliche Himmel war dunstig
und schien Schneefall zu versprechen.

Endlich hatte der Erschöpfte die Höhe erreicht. Er stand nun auf
einem leicht geneigten, großen Schneefelde, nahe bei Mont Crosin,
hoch über dem Dorfe, dem er entronnen. Hunger fühlte er nicht,
aber einen trüben, klammernden Schmerz von der Wunde. Ein leises,
krankes Gebell kam aus seinem hängenden Maul, sein Herz schlug
schwer und schmerzhaft und fühlte die Hand des Todes wie eine
unsäglich schwere Last auf sich drücken. Eine einzeln stehende
breitästige Tanne lockte ihn; dort setzte er sich und starrte trübe in
die graue Schneenacht. Eine halbe Stunde verging. Nun fiel ein

mattrotes Licht auf den Schnee, sonderbar und weich. Der Wolf erhob sich stöhnend und wandte den schönen Kopf dem Licht entgegen. Es war der Mond, der im Südost riesig und blutrot sich erhob und langsam am trüben Himmel höher stieg. Seit vielen Wochen war er nie so rot und groß gewesen. Traurig hing das Auge des sterbenden Tieres an der matten Mondscheibe, und wieder röchelte ein schwaches Heulen schmerzlich und tonlos in die Nacht.

Da kamen Lichter und Schritte nach. Bauern in dicken Mänteln, Jäger und junge Burschen in Pelzmützen und mit plumpen Gamaschen stapften durch den Schnee. Gejauchze erscholl. Man hatte den verendenden Wolf entdeckt, zwei Schüsse wurden auf ihn abgedrückt und beide fehlten. Dann sahen sie, daß er schon im Sterben lag, und fielen mit Stöcken und Knütteln über ihn her. Er fühlte es nicht mehr.

Mit zerbrochenen Gliedern schleppten sie ihn nach St. Immer hinab. Sie lachten, sie prahlten, sie freuten sich auf Schnaps und Kaffee, sie sangen, sie fluchten. Keiner sah die Schönheit des verschneiten Forstes, noch den Glanz der Hochebene, noch den roten Mond, der über dem Chasseral hing und dessen schwaches Licht in ihren Flintenläufen, in den Schneekristallen und in den gebrochenen Augen des erschlagenen Wolfes sich brach.

[1]die Flinte – shot-gun
[2]der Hammel – sheep
[3]das Füllen – foal

Bachmann

Reklame

Wohin aber gehen wir
ohne sorge sei ohne sorge
wenn es dunkel und wenn es kalt wird
sei ohne sorge
aber
mit musik
was sollen wir tun
heiter und mit musik
und denken
heiter
angesichts eines Endes
mit musik

und wohin tragen wir
am besten
unsre Fragen und den Schauer aller Jahre
in die Traumwäscherei ohne sorge sei ohne sorge
was aber geschieht
am besten
wenn Totenstille

eintritt

Biermann

Kleinstadtsonntag

Gehn wir mal hin?
Ja, wir gehn mal hin.
Ist hier was los?
Nein, es ist nichts los.
Herr Ober, ein Bier!
Leer ist es hier.
Der Sommer ist kalt.
Man wird auch alt.
Bei Rose gabs Kalb.
Jetzt isses schon halb.
Jetzt gehn wir mal hin.
Ja, wir gehn mal hin.
Ist er schon drin?
Er ist schon drin.
Gehn wir mal rein?
Na gehn wir mal rein.
Siehst du heut fern?
Ja, ich sehe heut fern.
Spielen sie was?
Ja, sie spielen was.
Hast du noch Geld?
Ja, ich habe noch Geld.
Trinken wir ein'?
Ja, einen klein'.
Gehn wir mal hin?
Ja, gehn wir mal hin.
Siehst du heut fern?

Ja   ich   sehe   heut   fern.

Die hab ich satt!

Die kalten Frauen, die mich streicheln
Die falschen Freunde, die mir schmeicheln
Die scharf sind auf die scharfen Sachen
Und selber in die Hosen machen
In dieser durchgerissnen Stadt
    – die hab ich satt!

Und sagt mir mal: Wozu ist gut
Die ganze Bürokratenbrut?
Sie wälzt mit Eifer und Geschick
Dem Volke über das Genick
Der Weltgeschichte großes Rad
    – die hab ich satt!

Was haben wir denn an denen verlorn:
An diesen deutschen Professorn
Die wirklich manches besser wüßten
Wenn sie nicht täglich fressen müßten
Beamte! Feige! Fett und platt!
    – die hab ich satt!

Die Lehrer, die Rekrutenschinder
Sie brechen schon das Kreuz[1] der Kinder
Sie pressen unter allen Fahnen
Die idealen Untertanen:
Gehorsam – fleißig – geistig matt
    – die hab ich satt!

Die Dichter mit der feuchten Hand
Dichten zugrund das Vaterland
Das Ungereimte reimen sie
Die Wahrheitssucher leimen sie
Dies Pack ist käuflich und aalglatt
    – die hab ich satt!

Der legendäre Kleine Mann
Der immer litt und nie gewann
Der sich gewöhnt an jeden Dreck
Kriegt er nur seinen Schweinespeck
Und träumt im Bett vom Attentat

– den hab ich satt

Und überhaupt ist ja zum Schrein
Der ganze deutsche Skatverein[2]
Dies dreigeteilte deutsche Land
Und was ich da an Glück auch fand
Das steht auf einem andern Blatt

    – ich hab es satt

[1] das Kreuz – small of the back
[2] der Skat – skat (a German card-game)

Deutsches Miserere (Das Bloch-Lied)

    Hier fallen sie auf den Rücken
    Dort kriechen sie auf dem Bauche
    Und ich bin gekommen
        ach! kommen bin ich
            vom Regen in die Jauche[1]

Und als ich von Deutschland nach Deutschland
Gekommen bin in das Exil
Da hat sich für mich geändert
So wenig, ach! und so viel
Ich hab ihn am eigenen Leibe
Gemacht, den brutalen Test:
Freiwillig von Westen nach Osten
Gezwungen von Ost nach West

Die Völker drumrum um Deutschland
Die haben vielleicht ein Glück!
Großdeutschland, es ist zerbrochen
In zwei verfeindete Stück
Die beiden häßlichen Helden
Sie halten einander in Schach
Der Kleinere gibt nicht Ruhe
Aber der Größere gibt nicht nach

38

Und im Osten kosten die Schrippen[2]
Fünf Pfennig – und zwanzig hier.
Ein großes Bier kost ne Mark dort
Und Zweimarkfünfzig hier
Und drüben hältst du beim Bierchen
Dein Maul, hier darfst du schrein
– allein, es ändert die Welt sich
Mit Schweigen nicht, noch mit Schrein

Und im Westen die Zeitungsschreiber
Sie lügen frech, wie sie wolln
Aber ihre Kollegen im Osten
Die lügen korrekt, wie sie solln
Und weil er von beiden Seiten
Getäuscht wird im Television
Drum glaubt der Deutsche Michel
Er wisse die Wahrheit schon!

Und die Wahrheiten werden gehandelt
Frech auf dem Lügenmarkt
Zur Ware wird jede Wunde
Im Westen. Der Herzinfarkt
Der Aufrechte Gang wird selber
Zur Pose und zum Geschäft
Der Mensch macht sich zum Affen
Der sich noch selber äfft!

Und Kernkraftwerke[3] in Sachsen
Und Kernkraftwerke am Rhein
Und hüben und drüben heucheln sie
Das soll für den Fortschritt sein
Ich scheiß was auf solchen Fortschritt
Der macht uns nur sterbenskrank
Der führt uns fort von der Menschheit fort
Und führt in den Untergang

Und wer im Westen das Geld hat
Der hat damit auch die Macht
Aber wer im Osten die Macht hat
Der hat es zu Reichtum gebracht!
Die Arbeiter aber verkaufen
Wie eh und je ihre Kraft
Und schlagen, als wäre es ihre:
Die große Wohlstands-Schlacht

39

Und wie die einen heißen
So sehen die anderen aus!
Die einen sind mir ein Schrecken
Aber die andern sind mir ein Graus:
In NATO und WARSCHAUER PAKT sind
Sie beide treu-deutsch, bis in' Tod
Und sind gegen ihre Herren
Halb frech und halb devot

Und die Linken hassen einander
Mehr als den Klassenfeind!
Eh wir uns nicht selber einen
Wird Deutschland auch nicht geeint
Und ein Linker nennt den andern
Verräter! und recht! und schlecht!
Sie schlagen sich in die Fressen[4]
Mit MAO und MARX und BRECHT

Und im Osten bleibt dir die Luft weg
Im Bürokratenmuff[5]
Aber der Westen ist ein Nepplokal[6]
Ein kalt gekachelter Puff[7]
Hier bist du erschossen wie Robert Blum
Ohne genügend Geld
Sie lassen dich kalt verrecken[8]
Und sagen: So ist die Welt

        Hier fallen sie auf den Rücken
        Dort kriechen sie auf dem Bauche
        Und ich bin gekommen
            ach! kommen bin ich
                vom Regen in die Jauche

Das wird sich noch alles ändern!
Das bleibt nicht so, wie es ist:
Die Mauer wird fallen. Und fallen
Wird manch einer auf den Mist
Der Weltgeschichte: da drüben
Die Bonzen[9] – die Bosse hier!
Sie werden fluchen und flennen
– aber lachen werden mal wir

Da wird sich noch vieles ändern
Und du dich und ich mich auch
Wir werden aufrecht gehen

Wir werden aufrecht gehn
Paar eckige Runden drehn
Mit neuen Augen sehn: E x i l

Was ist das: Exil?

Ich will dir zu viel
Nicht klagen
Will lieber sagen

Die Wahrheit:
Scheißselbstmitleid!

Bin ich nun ein „Heimatloser Gesell"?
Was ist das: Heimat – Polizeimat?[10]

Ach was! es wird schon hell
Ich sitz nicht mehr wie ein nacktes Kind
Im Schneematsch

Heimat. Quatsch! Heimat ist ja da
Mein Freund, wo ich dich find
Und wo Genossen sind. Genossen

Was ist das: G e n o s s e n ?

[1] die Jauche – sewage (vom Regen in die Traufe – from the frying pan into the fire) [2] die Schrippe – bread roll [3] das Kernkraftwerk – nuclear power station [4] die Fresse – gob, face [5] der Muff – mildew, mustiness [6] das Nepplokal – clip-joint [7] der Puff – brothel [8] verrecken – to perish [9] die Bonze – big-wig [10] die Polizeimat – police state

Ach Stuttgart, du nasse, du schöne

Ach Stuttgart, du nasse, du schöne
Du häßliche Regenstadt!
Der Himmel weint sich die Augen aus
Über manchem frischen Grab
Es haben sogar die Wolken
Feindselig sich zerteilt
Viel Wolken regnen auf Schleyers Grab
Und eine weint schnell auf das andre
Eh sie enteilt

Und als ich den Morgen alleine
Die steilen Gassen hochstieg
Mein Zeug unterm Arm, da erschrak ich
Ich spürte den stummen Krieg
Ich merkte ihn von der Seite
Und ich spürte ihn im Genick
Aus scharfgekniffenen Augen:
Ich spürte den Fahndungsblick

Ach Baader! ach Ensslin! ach Raspe![1]
Ach Schleyer! ihr habt es geschafft
Ihr habt ja die Kluft so vernebelt
Die zwischen den Klassen klafft!
Die Unteren wie die Oberen
Begraben der alte Streit?
Es macht sich breit eine dumpfe
Gefährliche Brüderlichkeit

Kein Wort mehr von Teuerung,[2] Lohnkampf
Vom fehlenden Arbeitsplatz
Stattdessen das fröhliche Jagen
Die Sympathisantenhatz[3]
Und Straßen voll Uniformen
Und Blaulicht. Und Sichtvermerk
Es rüstet sich auf zum Riesen
Der deutsche Gartenzwerg

Ach Stuttgart, du nasse, du schöne
Du häßliche Regenstadt
Der Himmel weint sich die Augen aus
Über manchem frischen Grab
Es haben sogar die Wolken
Feindselig sich zerteilt
Viel Wolken regnen auf jenes Grab
Und eine weint schnell auf das andre
– eh sie enteilt.

[1] Baader, Ensslin, Raspe – Red Army terrorists, found dead
in their cells
[2] die Teuerung – rising prices
[3] die Hatz – hunt

Kindheit und Märchen

Many nursery rhymes were not, originally, composed for children: they were part of adult entertainment and hardly suitable for the nursery. Some were remnants of old folk songs, some based on proverbs, others on drinking songs, others on war. Many riddles, too, were designed to test adult ingenuity – indeed, it would be difficult to imagine many children solving those printed here.

The origin of many nursery rhymes is still not clear; the popular interpretation of *Ring O' Roses,* which sees a rosy rash as a symptom of the plague, the posies as herbs carried for protection, sneezing as the fatal symptom and 'all fall down' as death, is possibly imaginative detective work, according to Iona and Peter Opie in their *Oxford Dictionary of Nursery Rhymes.* They quote Halliwell, writing in 1849: 'We find the same trifles which erewhile lulled or amused the English infant are current in slightly varied forms throughout the north of Europe; we know that they have been sung in the northern countries for centuries, and there has been no modern outlet for their dissemination across the German Ocean. The most natural inference is to adopt the theory of a Teutonic origin, and thus give to every child rhyme found in England and Sweden an immense antiquity'. That is probably overstating the case, but it is tempting to see the origin of, say, *Humpty Dumpty* in the Saxon rhyme:

> Hümpelken-Pümpelken sat op de Bank,
> Hümpelken-Pümpelken fêl von de Bank,
> Do is kên Dokter in Engelland
> De Hümpelken-Pümpelken kuräre kann.

The origin of the Grimm Brothers' *Kinder- und Hausmärchen* is hardly clearer. Most of the stories were noted down verbatim by the brothers or their assistants from story-tellers in Hesse and Westphalia. It was Wilhelm Grimm who prepared the stories for publication, sometimes embellishing the narrative with direct speech and rhymes. These tales too, like many a nursery rhyme, were not meant specifically for children, although they were dedicated by the brothers to Frau Elisabeth von Arnim as a Christmas offering for her son. The original edition, however, with its learned glosses and variants, was more a work of scholarship than a bedside book for children – indeed the frequent macabre endings were often expurgated by the Victorians. An extreme example is to be found at the end of *Sneewittchen*. The original reads: 'Und wie sie (die Stiefmutter) hineintrat, erkannte sie Sneewittchen, und vor Angst und Schrecken stand sie da und konnte sich nicht regen. Aber es waren schon eiserne Pantoffeln über Kohlenfeuer gestellt und wurden mit Zangen hereingetragen und vor sie hingestellt. Da mußte sie in die rotglühenden Schuhe treten und so lange tanzen, bis sie tot zur Erde fiel'. This is rendered by Miss M. Edwardes in *Fifty-six Household Tales* as: 'And when she got there, and saw that it was no other than Snow-drop, who, as she thought, had been dead a long while, she choked with rage, and fell down and died.' Worse, Miss Edwardes sugars the happy end, by adding: 'But Snowdrop and the prince lived and reigned happily over that land many, many years; and sometimes they went up into the mountains, and paid a visit to the little dwarfs, who had been so kind to Snowdrop in her time of need'.

Struwwelpeter, too, could be gruesome, and the drawings are particularly garish and ghoulish. The full title reads *Lustige Geschichten und drollige Bilder mit fünfzehn kolorierten Tafeln für Kinder von drei bis sechs Jahren*. The author, Heinrich Hoffmann, writing under the pseudonym Reimerich Kinderlieb, published the work in 1848 and had a didactic purpose in creating his character: to teach children under school age the consequences of misbehaviour — but in an entertaining way.

Rätsel

(The answers are in brackets)

Immer und immer
viel tausend Zimmer,
eine beinerne Wies,[1]
jetzt rat, was das is.
(Friedhof)
[1]die Wiese – meadow

Erst weiß wie Schnee,
dann grün wie Klee,
dann rot wie Blut,
schmeckt allen Kindern gut.
(Kirsche)

Ich rede ohne Zunge,
ich schreie ohne Lunge,
ich hab auch kein Herz,
und nehm doch teil an Freud und Schmerz.
(Glocke)

Sitzt einer auf dem Dach und raucht,
der weder Pfeif noch Tabak braucht.
(Schornstein)

Fünf Höhlen in einem Loch:
rate, was ist das doch?
(Handschuh)

Die Sonne richts, die Hand brichts,
s Maul ißts, der Fuß tritts.
(Traube)

Rot und gut,
hat Fleisch und kein Blut.
(Krabbe)

Ich weiß ein kleines weißes Haus,
hat keine Fenster, keine Tore,
und will der kleine Wirt heraus,
so mußt er erst die Wand durchbohren.
(Ei)

Ich gehe alle Tage aus
und bleibe doch in meinem Haus.
(Schnecke)

45

Das bucklicht Männlein

Will ich in mein Gärtlein gehn,
will mein' Zwiebeln gießen,
steht ein bucklicht[1] Männlein da,
fängt als[2] an zu niesen.

Will ich in mein Küchel gehn,
will mein Süpplein kochen,
steht ein bucklicht Männlein da,
hat mein Töpflein brochen.

Will ich in mein Stüblein gehn,
will mein Müslein essen,
steht ein bucklicht Männlein da,
hat's schon halber gessen.

Geh' ich in mein Kämmerlein,
will mein Bettlein machen,
steht ein bucklicht Männlein da,
fängt als an zu lachen.

Wenn ich an mein Bänklein knie,
will ein bißlein beten,
steht ein bucklicht Männlein da,
fängt als an zu reden:

„Liebes Kindlein, ach, ich bitt',
bet fürs bucklicht Männlein mit!"

[1] bucklicht – hunch-backed
[2] als – sofort

Zehn kleine Negerlein

Zehn kleine Negerlein, die schliefen in der Scheun.
Einer ging im Heu verloren, da warens nur noch neun.

Neun kleine Negerlein, die gingen auf die Jagd.
Da hat sich eines totgeschossen, da warens nur noch acht.

Acht kleine Negerlein, die gingen Kegel schieben.
Da hat sich eines totgeschoben, da warens nur noch sieben.

46

Sieben kleine Negerlein, die gingen zu ner Hex.
Da hat sie eines aufgegessen, da warens nur noch sechs.

Sechs kleine Negerlein, die gingen in die Sümpf.
Der eine ist drin stecken blieben, da warens nur noch fünf.

Fünf kleine Negerlein, die tranken gerne Bier.
Da hat sich einer totgesoffen, da warens nur noch vier.

Vier kleine Negerlein, die kochten einen Brei.
Da hat sich einer totgegessen, da warens nur noch drei.

Drei kleine Negerlein, die gingen in die Türkei.
Da wurde einer aufgespießt, da warens nur noch zwei.

Zwei kleine Negerlein, die gingen zu einem Schreiner.
Der eine wurd in Sarg gelegt, da war es nur noch einer.

Ein kleines Negerlein, das fuhr in einer Kutsch.
Die Kutsch, die ist zerbrochen, da warn sie alle futsch.[1]

*Wer der Geschichte eine glücklichere Wendung geben will,
der singt zum Schluß:*

Ein kleines Negerlein, das war entsetzlich schlau,
das ging zurück nach Kamerun und nahm sich
    eine Frau.

[1] futsch – gone

Kinderreime

Abc,
die Katze lief im Schnee.
Als sie wieder raus kam,
hat sie weiße Stiefeln an,
Da ging der Schnee hinweg,
da lief die Katz im Dreck.

*

Ich heiß Peter, du heißt Paul,
ich bin fleißig, du bist faul.

*

Es sitzt ein Adler auf dem Dach,
es regnet und er wird nicht naß.
Er zählet seine Federlein,
es müssen zweiunddreißig sein.

Tu die Äuglein zu, mein Kind,
denn draußen weht ein arger Wind.
Will das Kind nicht schlafen ein,
bläst er in das Bett hinein,
bläst uns alle Federn raus,
bläst endlich noch die Augen aus!

*

Schlaf, Kindle, schlaf!
Der Tod sitzt auf der Stange.
Er hat einen weißen Kittel an,
er will die bösen Kinder han.
Schlaf, Kindle, schlaf!

*

Guten Abend, gut Nacht,
Mit Rosen bedacht,
Mit Näglein besteckt, [1]
Schlupf unter die Deck:
Morgen früh, wenn Gott will,
Wirst du wieder geweckt.

Guten Abend, gut Nacht,
Von Englein bewacht,
Die zeigen im Traum
Dir Christkindleins Baum:
Schlaf nun selig und süß,
Schau im Traum's Paradies.

[1] mit Näglein besteckt – adorned with carnations

In Ulm, um Ulm
und um Ulm herum.

*

Fischers Fritz fischt frische Fische,
frische Fische fischt Fischers Fritz.

*

Unk, Unk, Unk!
Vor Zeiten war ich jung.
Hätt ich einen Mann genommen,
wär ich nicht in Teich gekommen.
Unk, Unk, Unk!
Vor Zeiten war ich jung.

(Dieser Reim gründet sich auf den Aberglauben: daß die an Sümpfen hörbaren Unken verwandelte alte Jungfern sind, die nicht heiraten wollten.)

48

Brecht

Liedchen aus alter Zeit
(nicht mehr zu singen!)

Eins. Zwei. Drei. Vier.
Vater braucht ein Bier.
Vier. Drei. Zwei. Eins.
Mutter braucht keins.

Kinderlieb

Die Geschichte vom Daumenlutscher

„Konrad!" sprach die Frau Mama,
„Ich geh aus und du bleibst da.
Sei hübsch ordentlich und fromm,
Bis nach Haus ich wieder komm.
Und vor allem, Konrad, hör!
Lutsche nicht am Daumen mehr;
Denn der Schneider mit der Scher'
Kommt sonst ganz geschwind daher,
Und die Daumen schneidet er
Ab, als ob Papier es wär."

Fort geht nun die Mutter und
Wupp! Den Daumen in den Mund.
Bauz! da geht die Türe auf,
Und herein in schnellem Lauf
Springt der Schneider in die Stub'
Zu dem Daumen-Lutscher-Bub.
Weh! Jetzt geht es klipp und klapp
Mit der Scher' die Daumen ab,
Mit der großen scharfen Scher'!
Hei! da schreit der Konrad sehr.

Als die Mutter kommt nach Haus
Sieht der Konrad traurig aus.
Ohne Daumen steht er dort,
Die sind alle beide fort.

49

Liliencron

Aus der Kinderzeit

In alten Briefen saß ich heut vergraben,
Als einer plötzlich in die Hand mir fiel,
Auf dem die Jahresziffer mich erschreckte,
So lange war es her, so lange schon.
Die Schrift stand groß und klein und glatt und kraus
Und reichlich untermischt mit Tintenklecksen:
„Mein lieber Fritz, die Bäume sind nun kahl,
Wir spielen nicht mehr Räuber und Soldat,
Türk hat das rechte Vorderbein gebrochen,
Und Tante Hannchen hat noch immer Zahnweh,
Papa ist auf die Hühnerjagd gegangen.
Ich weiß nichts mehr. Mir geht es gut.
Schreib bald und bleibe recht gesund.
Dein Freund und Vetter Siegesmund."

„Die Bäume sind nun kahl", das herbe Wort
Ließ mich die Briefe still zusammenlegen,
Gab Hut und Handschuh mir und Rock und Stock
Und drängte mich hinaus in meine Heide.

Kusenberg

Eine Schulstunde

Der Lehrer für Zoologie legte großen Wert auf anschaulichen Unterricht.[1] Aus diesem Grunde brachte er die Tiere, deren Merkmale und Lebensweise erläutert werden sollten, stets in die Schule mit. Ein anderer Schulleiter hätte vielleicht Einspruch erhoben, denn von Rechts wegen gehören lebende Tiere, vor allem Raubtiere, nicht ins Klassenzimmer, ganz davon zu schweigen, daß sie unter Umständen den Schülern gefährlich werden können. Der Mann jedoch, dem die Schule unterstand, war ebenfalls der Meinung, Unterricht könne nicht anschaulich genug sein. Bevor er sich anschickte, Geschichtsstunde zu erteilen, pflegte er die Tracht der jeweils behandelten Zeit anzulegen, und solange man die Dramen des großen Shakespeare durchnahm, sahen ihn seine Schüler nie anders als glatzköpfig und spitzbärtig. Es versteht sich demnach, daß er der letzte gewesen wäre, der dem Lehrer für Zoologie sein Tun verwiesen hätte.

Wir haben wenig Ursache, aus zahllosen Unterrichtsstunden, die der Tierkunde gewidmet waren[2], gerade die folgende herauszugreifen, denn sie alle spielten sich mehr oder weniger in gleicher Weise ab. Will man aber anschaulich werden, so muß man sich schon entschließen, ein Exempel zu geben, und das geschehe hiermit. Die Stunde, von der wir berichten, war dem Bären gewidmet.

Die Schüler wußten das bereits, denn der Unterricht ließ sich vom Lehrbuch leiten, und das Lehrbuch verhieß ihnen eben dieses Tier. Sie waren daher nicht erstaunt, als der Lehrer, indem er eintrat, einen großen braunen Bären an der Kette hinter sich herzog. Einige freilich traf das hart, weil sie mit einem Eisbären gerechnet und kleine Geldbeträge darauf gewettet hatten; den schlimmsten Verlust erlitt ein Schüler namens Artur, der alles, was er besaß, auf einen Malaienbären gesetzt hatte, in der Meinung, ein solcher sei besonders handlich und für die Schulstube wie geschaffen. Da die Gewinner in der Überzahl waren, erhielt das Tier freundlichen Beifall. Unbekümmert darum, kauerte der Bär sich nieder und blinzelte die Klasse listig an.

Die gute Aufnahme, welche sein Begleiter gefunden, tat dem Lehrer sichtlich wohl. Er, der von den heimlichen Wetten nichts wußte, konnte sich nie erklären, warum gewisse Tiere beifällig begrüßt und andere mürrisch hingenommen wurden. Er schrieb es einer seltsamen, aus Urzeiten herrührenden Wechselbeziehung zwischen Mensch und Tier zu und arbeitete in den Mußestunden an einem großen Werk, dem er die Erfahrungen, die er mit seinen Schülern machte, vertrauensvoll zugrunde legte. Beglückt über die Tatsache, daß gerade der Bär, den er aufs höchste schätzte, den Schülern wohlgefiel, setzte er sich ans Katheder und eröffnete die Stunde.

„Ehe man sich", sprach er, „über einen Gegenstand neues Wissen aneignet, soll man besinnlich herzählen, was man über diesen Gegenstand bereits weiß oder über ihn zu wissen vermeint. Was weißt du, Artur, über Bären?"

Der Aufgerufene befand sich nicht in der besten Laune, denn er rechnete eben seine Verluste nach. Unwillig stand er auf und antwortete: „Es gibt vielerlei Bären: Himbeeren, Erdbeeren, Stachelbeeren, Brombeeren, Johannisbeeren —"

„Schluß!" rief der Lehrer. „Das ist weder ergiebig noch geistreich, und ich verbitte mir solche Abschweifungen[3] in die Botanik. Wir treiben hier Zoologie, dumme Witze sind uns ein Greuel, und wer nichts weiß, möge lieber schweigen — mit einem Wort: es geht nicht an, daß man in Anschauung eines lebendigen Tieres von

Früchten spricht, die ihm allenfalls als Nahrung dienen könnten, jedoch nichts mit ihm selbst zu schaffen haben. Setze dich, Artur, und danke es meiner Langmut, wenn ich dich nicht strafe. Du hingegen, Paul, wirst mir gewiß über den Bären zu erzählen wissen. Ist dir irgendeine Eigenschaft bekannt, die den Bären von anderen Tieren unterscheidet?" Paul, der bei den Wetten nicht übel abgeschnitten hatte, war durchaus erbötig, dem Lehrer Auskunft zu geben. Daß es ihm nicht geriet, hing mit einem Mangel an Klugheit zusammen, der angeboren war.

„Der Bär", erklärte Paul frohgemut, „ist eßbar."

Das war nun wirklich eine alberne Antwort, die selbst der Lehrer belächelte, indes das Schulzimmer vom Lachen widerhallte. Paul lachte auf alle Fälle mit, nicht wissend, wie er die große Wirkung zustande gebracht hatte. Als der Lärm sich legte, nahm der Lehrer die Führung wieder auf.

„Deine Antwort, Paul, befriedigt nicht, denn fast alle Kreaturen sind eßbar. Auch du bist eßbar."

Bei diesen Worten hob der Bär, der bis dahin träge vor sich hingedämmert hatte,[4] den Kopf und sah Paul aufmerksam an. Verstand er, wovon die Rede war? Wie dem auch sei: Paul hielt es für geraten, sich niederzusetzen, und richtete es so ein, daß ihn sein Vordermann jedwedem Blick entzog. Die Klasse, die schon zu neuem Gelächter bereit gewesen war, blieb plötzlich seltsam still. Nur der unzufriedene Artur murmelte verstockt: „Preiselbeeren, Vogelbeeren, Blaubeeren . . .", erhielt jedoch von seinem Nachbarn einen Stoß, der auch ihn zum Schweigen brachte.

Beglückt über die ungewohnte Stille, fuhr der Lehrer fort: „Wenn ihr schon keine Eigenart unseres Gastes zu nennen vermögt, so ist euch vielleicht dieser oder jener Anverwandte des braunen oder gemeinen Bären – um einen solchen handelt es sich hier – bekannt. Na, Josef, wie steht es damit?"

Der Schüler wand sich aus der Bank, schickte einen vorsichtigen Blick nach dem Tier, das ihn aber nicht beachtete, und sprach: „Eißer dem gemeinen Bir gibt es den Eisbir, den Grizzly-Bir, den schwirzen Bir und indere Biren, die gleichfills im Lehrbuch stehen."

Der Lehrer erstarrte. „Josef, bist du des Teufels! Wie kommst du dazu, mutwillig unsere Sprache zu verunstalten?"[5]

Josef schwieg eine ganze Weile, ehe er sich zu einer Erklärung bequemte. „Die Siche ist die, Herr Lehrer, diß ich ein Gelöbnis ibgelegt hibe, vier Wochen ling den ersten Vokil des Ilphibets nicht eiszusprechen. Ilso helfe ich mir mit dem Vokil i. Wis kinn ich tun? Schwur ist Schwur und muß gehilten werden."

„Setzen!" donnerte der Lehrer. „Dein törichtes Gelöbnis wird dich teuer zu stehen kommen." Josef tat, wie ihm geheißen, und machte dazu die Miene eines Ritters, der eine harte Probe übersteht. Wider alles Erwarten lachte niemand; die Klasse ehrte Josefs standhaften Mut. Und es war wie eine Erlösung, als plötzlich ein Schüler den Arm in die Höhe reckte.

Alle blickten zu ihm hin, sogar der Bär, und der Lehrer fragte freundlich: „Na, Kurt, was hast du uns zu sagen?"

Kurt sprang auf: „Der Bär, Herr Lehrer, hat Bärenkräfte."

„Gut", lobte der Lehrer. „Das ist eine treffliche Bemerkung."

Der Bär schien der gleichen Ansicht zu sein, denn er zerschlug mit einem einzigen Prankenhieb das Stühlchen, welches neben ihm stand. Dann kauerte er sich wieder zusammen und schaute den Knaben gespannt an.

Kurt stockte, doch ein Kopfnicken des Lehrers ermutigte ihn, fortzufahren. „Wenn der Bär angegriffen wird, stellt er sich auf die Hinterbeine."

„Ausgezeichnet", murmelte der Lehrer und wandte sich blitzschnell nach dem Bären um, der jedoch liegen blieb, offenbar deshalb, weil ihn niemand angriff. Statt dessen ließ das gewaltige Tier ein Brummen vernehmen, welches sich recht beifällig anhörte. Von Stolz geschwellt, spielte der Schüler seinen letzten Trumpf aus. „Der Bär", sagte er und betonte jedes Wort, „ist ein Leckermaul.[6] Am liebsten frißt er Honig."

„Aber nicht meinen!" Artur schnellte empor und blickte ängstlich nach dem Schrank, auf dem ein goldgelbes Glas stand. „Wenn ich ihn nicht nach Hause bringe, setzt es Schläge."[7] Kaum waren die Worte gesprochen, so erhob sich der Bär mit allen Anzeichen lüsterner Gier und ging daran, den Schrank zu ersteigen, wobei ihm ein kleiner Waschtisch, der eigentlich den Lehrern vorbehalten war, gute Dienste leistete. Artur rannte vor, der Lehrer stellte sich ihm in den Weg, andere Schüler sprangen herbei, um den Unbesonnenen zu zügeln – kurzum, es herrschte ein unbeschreiblicher Tumult, den der Bär weidlich ausnutzte,[8] indem er sich, nunmehr auf dem Schranke sitzend, über den Honig hermachte.

Der Lärm war wohl weithin hörbar geworden; jedenfalls ging die Tür auf, und der Leiter der Schule trat ein. Er war in die Tracht Ludwigs des Vierzehnten gekleidet, mit Rücksicht darauf, daß er seine Klasse über die Kriege des Sonnenkönigs unterrichtete. Seine Haltung war derart majestätisch, daß alle ringsum reglos wurden. Selbst der Bär ließ von dem Honig ab und starrte unruhig auf den Ankömmling.

„Was geht hier vor?" sprach eine mächtige Stimme.

Der Lehrer ermannte sich und trat einen Schritt vor: „Wir obliegen, Herr Direktor, in diesem Augenblick einem besonders anschaulichen Unterricht. Der Schüler Kurt machte die zutreffende Bemerkung, der braune oder gemeine Bär sei ein Leckermaul und fresse am liebsten Honig. Um solches zu bewahrheiten, stellte der Schüler Artur ein eigens zu diesem Zwecke mitgebrachtes Honigglas zur Verfügung. Was Wunder, daß Meister Petz[9] sogleich die

Gelegenheit beim Schopfe ergriff und uns bewies, wie sehr er es verdient, ein Leckermaul genannt zu werden? Dort oben hockt er, Herr Direktor, und ließe es sich auch weiterhin wohl sein, wenn Ihre unverhoffte Dazwischenkunft ihn nicht aufgestört hätte."

Als habe er auf das erlösende Wort gewartet, fuhr der Bär fort, das Glas auszuschlecken. Der Schulleiter sah ihm wohlwollend zu, nickte dann kurz und wandte sich an den Lehrer.

„Ich schätze die Art Ihres Unterrichts sehr, denn sie ist der meinen nicht unähnlich. Will man den Schülern etwas einprägen, so muß man es ihnen anschaulich machen. Das verstehen Sie meisterlich."

Während er zur Tür ging, schrillte die Glocke und kündigte das Ende der Schulstunde an. Der Lehrer lockte den Bären vom Schrank herunter, nahm ihn wieder an die Kette und verließ mit dem Tier das Klassenzimmer. In dieser Weise, je nach den Tieren ein wenig verschieden, nahm für gewöhnlich der Zoologieunterricht seinen Fortgang.

[1]anschaulicher Unterricht – teaching by visual aids [2]widmen – to dedicate, devote [3]die Abschweifung – digression [4]hindämmern – to doze [5]verunstalten – deform [6]das Leckermaul – sweet-tooth [7]setzt es Schläge – there will be a row [8]weidlich – thoroughly [9]Meister Petz – Master Bruno

Horváth

Das Sprungbrett

Ein Sprungbrett ärgerte sich grün und gelb, da es ständig nur solche Gedanken spann:
„Bei Poseidon! Es ist doch empörend, daß sich diese Springer nur dann in die Höhe schnellen können, wenn sie mich niederdrücken!"

Und an einem heißen Sommersonntagnachmittag riß ihm endlich die Geduld: als nun Einer, der es durch seine zahllosen Kopfsprünge am häufigsten gedemütigt hatte, zum Salto[1] ansetzend es zum ixtenmal brutal hinabdrückte, brach es sich einfach selber ab.

Dadurch fiel der Springer aber weder auf Hirn noch Hintern, sondern platschte auf seinen Bauch, der platzte. Da war er tot.

Sehr stolz ob dieser gewonnenen Schlacht wiegte sich nun das Sprungbrett auf den Wellen. Doch bald und unerbittlich kam die

54

Erkenntnis, daß der Sieg wohl an der Form, nicht aber am Wesen seiner Lage eine Änderung brachte: denn nun wurde es eben als Balken von ermüdeten Schwimmern mißbraucht, die sich auf ihm ausruhten indem sie es niederdrückten.

Moral
Solange ein Sprungbrett das Schwimmen nicht verbieten kann, solange entgeht keiner seinem Schicksal!

[1] das Salto – somersault

Der Fallschirm

Ein Fallschirm sprach zum Flieger, seinem Herrn: „Zahlst du mir heut Abend wieder kein Glas Bier, so verschließe ich mich, springst du morgen aus dem Flugzeug, wie eine hartherzige Geliebte!"

Doch der Flieger lachte nur:
„Du mußt dich öffnen, mein Lieber, kenne dich ja zu genau!"

Aber der Fallschirm fuhr fort:
„Ich weiß, daß du mich erfunden und erbaut, jedoch: hüte dich! Denn folgst du etwa dessen Geboten, der dich ersann? Beichtest du, fastest du —?"

Da erbleichte der Flieger, sein Mut erstarrte zu Angst und er lief zum Priester beichten und tat im Dom das feierliche Gelöbnis, daß er von nun ab jeden Freitag fasten werde.

Aber trotz all dem tötete ihn tags darauf sein Fallschirm: der hat seine Drohung verwirklicht – weil er sich selber das Bier zahlen mußte.

Start und Ziel

Manchmal plaudern Start und Ziel miteinander.

Es sagt das Ziel:
„Stände ich nicht hier – wärest du ziellos!"

Und der Start sagt:
„Das ist schon richtig; doch denke: wäre ich ziellos – was dann?"

„Das wäre mein Tod."

Da lächelt der Start:
„Jaja – so ist das Leben, Herr Vetter!"

Legende vom Fußballplatz

Es war einmal ein armer kleiner Bub, der war kaum sieben Jahre alt, aber schon loderte in ihm eine Leidenschaft: er liebte den Fußball über Alles.

Bei jedem Wettspiel mußt er dabei gewesen sein: ob Liberia gegen Haidhausen, ob Beludschistan gegen Neukölln – immer lag er hinter einem der Tore im Grase (meistens bereits lange vor Beginn) und verfolgte mit aufgerissenen runden Kinderaugen den mehr oder minder spannenden Kampf. Und wenn ein Spieler grob rempelte,[1] ballten sich seine Händchen erregt zu Fäusten und mit gerunzelter Stirne fixierte er finster den Übeltäter. Doch wenn dann vielleicht gar gleich darauf des Schicksals Laune (quasi als Racheakt) ein Goal schoß, so tanzte er begeistert und suchte strahlend all den Anderen, die um ihn herum applaudierten, ins Antlitz zu schauen. Diese Anderen, die neben ihm lagen, waren ja meistens schon um ein oder zwei Jahre älter und andächtig horchte er, wenn sie sich in den ungeheuerlichsten hochdeutschen Fachausdrücken, die sie weiß Gott wo zusammengehört hatten, über die einzelnen Spieler und Clubs ergingen; ergriffen lauschte er trüben Weissagungen, bis ihn wieder ein wunderbar vollendet geköpfter Ball mit sich riß, daß sein Herz noch höher flog wie der Ball.

So saß er oft im nassen Grase. Stundenlang.

Der Novemberwind schmiegte sich an seinen schmalen Rücken, als wollt er sich wärmen und hoch über dem Spielplatz zog die Fieberhexe ihre Raubvogelkreise.

Und als der Schlußpfiff verklungen war, da dämmerte es bereits; der kleine Bub lief noch einmal quer über das Feld und ging dann allein nach Hause. In den leeren Sonntagsstraßen war es ihm einigemale als hörte er Schritte hinter sich: als schliche ihm jemand nach, der spionieren wolle, wo er wohne. Doch er wagte nicht umzuschauen und beneidete den Schutzmann, der solch große Schritte machen konnte. Erst zuhause, vor dem hohen grauen Gebäude, in dem seine Eltern den Gemüseladen hatten, sah er sich endlich um: ob es vielleicht der dicke Karl ist mit dem er die Schulbank teilt und der ihn nie in Ruhe läßt – aber es war nur ein dürres Blatt, das sich mühsam die Straße dahinschleppte und sich einen Winkel suchte zum Sterben.

Und am Abend in seinem Bette fror er trotz tiefroter Backen; und dann hustete er auch und es hob ihn vornüber, als haute ihm der dicke Karl mit der Faust in den Rücken.

Nur wie durch einen Schleier sah er seiner Mutter Antlitz, die am Bettrande saß und ihn besorgt betrachtete; und er hörte auch Schritte im Zimmer, langsame, hin und her: das war Vater.

Der Nordwind hockte im Ofenrohr und zu seinem Gesumm fingen

Regenbogen an einen Reigen² um ihn zu tanzen. Er schloß die Augen. Da wurd es dunkel. Und still.

Doch nach Mitternacht wich plötzlich der Schlaf und feine Fingerknöchelchen klopften von außen an die Fensterscheibe – und er hörte seinen Namen rufen – „Hansl!" rief eine sanfte Stimme – „Hansl!"

Da erhob sich der kleine Bub aus seinem Bette, trug einen Stuhl vor das Fenster, erkletterte ihn und öffnete –: draußen war tiefe stille Nacht; keine Trambahn läutete mehr und auch die Gaslaterne an der Ecke war schlafen gegangen und – vor seinem Fenster im vierten Stock schwebte ein heller Engel; der ähnelte jenem, welcher Großvaters Gebetbuch als Spange umschloß, nur, daß er farbige Flügel hatte: der linke blau und gelb: das waren die Farben des Fußballvereins von Oberhaching; der rechte rosa und grün: das waren die Farben dessen von Unterhaching; seine schmalen Füße staken in purpurnen Fußballschuhen, an silberner Sternenschnur hing um seinen Schwanenhals eine goldene Schiedsrichterpfeife und in den durchsichtigen Händen wiegte sich ein mattweißer Fußball.

„Schau –" sprach der Engel – „schau!" und köpfte den Ball kerzengerade in die Höhe; der flog, flog – bis er weit hinter der Milschstraße verschwand.

Dann reichte der Himmlische dem staunenden Hansl die Hand und lächelte: „Komm mit – zum Fußballwettspiel –"

Und Hansl ging mit.

Wortlos war er auf das Fensterbrett gestiegen und da er des Engels Hand ergriffen, da war es ihm als hätte es nie einen dicken Karl gegeben. Alles war vergessen, versank unter ihm in ewigen Tiefen – und als die beiden an der Milchstraße vorbeischwebten fragte der kleine Bub: „Ist es noch weit?"

„Nein", lächelte wieder der Engel, „bald sind wir dort."

Und weil Engel nie lügen leuchtete bald durch die Finsternis eine weiße rechteckige Fläche, auf die sie zuflogen. Anfangs glaubte Hansl es wäre nur ein Blatt unliniertes Papier, doch kaum, daß er dies gedacht hatte, erfaßte sein Führer auch schon den Rand; nur noch ein Klimmzug³ – und es war erreicht!

Doch wie erstaunte da der kleine Bub!

Aus dem Blatt unliniertem Papier war eine große Wolke geworden, deren Oberfläche ein einziger herrlich angelegter Fußballplatz war; auf buntbewimpelten Tribünen saßen Zuschauer wie sie in solcher Zahl unser Kleiner noch bei keinem Wettspiel erlebt hatte. Und das ganze Publikum erhob sich zum Gruß und aller Augen waren voll Güte auf ihn gerichtet, ja selbst der Aufseher, der ihn doch sonst immer sofort hinter das Tor in das nasse Gras trieb, führte ihn unter fortwährenden Bücklingen auf seinen Platz: Tribüne (!) Erste Reihe (!!) Mitte (!!!)

„Wie still nur all die Leute sind!" meinte der kleine Bub. „Sehr recht, mein Herr", lispelte der Aufseher untertänig, „dies sind ja auch all die seligen Fußballwettspielzuschauer."

Unten am Rasen losten[4] die Parteien nun um die Sonne-im-Rücken-Seite und – „das sind die besten der seligen Fußballspieler", hörte Hansl seinen Nachbar sagen; und als er ihn ansah nickte ihm dieser freundlich zu: da erkannte er in ihm jenen guten alten Herrn, der ihn einst (als Borneo gegen Alaska verlor) vor dem dicken Karl verteidigte; noch hielt er den Rohrstock in der Hand mit dem er dem Raufbold damals drohte. Wie der dann lief!

Unermeßliche Seligkeit erfüllte des armen kleinen Buben Herz. Das Spiel hatte begonnen um nimmermehr beendet zu werden und die Zweiundzwanzig spielten wie er noch nie spielen sah. Manchmal kam es zwar vor, daß der eine oder andere dem Balle einfach nachflog (es waren ja auch lauter Engel) doch da pfiff der Schiedsrichter[5] (ein Erzengel) sogleich ab: wegen unfairer Kampfesweise.

Das Wetter war herrlich. Etwas Sonne und kein Wind. Ein richtiges Fußballwetter.

Seit dieser Zeit hat niemand mehr den armen kleinen Buben auf einem irdischen Fußballplatze gesehen.

[1] rempeln – to barge
[2] der Reigen – dance
[3] ein Klimmzug – a pull
[4] losen – to draw lots
[5] der Schiedsrichter – referee

Storm

Der kleine Häwelmann

Es war einmal ein kleiner Junge, der hieß Häwelmann. Des Nachts schlief er in einem Rollenbett und auch des Nachmittags, wenn er müde war. Wenn er aber nicht müde war, so mußte seine Mutter ihn darin in der Stube umherfahren, und davon konnte er nie genug bekommen.

Nun lag der kleine Häwelmann eines Nachts in seinem Rollenbett und konnte nicht einschlafen; die Mutter aber schlief schon lange neben ihm in ihrem großen Himmelbett. „Mutter", rief der kleine Häwelmann, „ich will fahren!" Und die Mutter langte[1] im Schlaf mit dem Arm aus dem Bett und rollte die kleine Bettstelle hin und her, und wenn ihr der Arm müde werden wollte, so rief der kleine Häwelmann: „Mehr, mehr!" und dann ging das Rollen wieder von vorne an. Endlich aber schlief sie gänzlich ein; und soviel Häwelmann auch schreien mochte, sie hörte es nicht; es war rein vorbei. Da dauerte es nicht lange, so sah der Mond in die Fensterscheiben, der gute alte

Mond, und was er da sah, war so possierlich,[2] daß er sich erst mit seinem Pelzärmel über das Gesicht fuhr, um sich die Augen auszuwischen; so etwas hatte der alte Mond all sein Lebtage nicht gesehen.

Da lag der kleine Häwelmann mit offenen Augen in seinem Rollenbett und hielt das eine Beinchen wie einen Mastbaum in die Höhe. Sein kleines Hemd hatte er ausgezogen und hing es wie ein Segel an seiner kleinen Zehe auf; dann nahm er ein Hemdzipfelchen in jede Hand und fing mit beiden Backen an zu blasen. Und allmählich, leise, leise, fing er an zu rollen, über den Fußboden, dann die Wand hinauf, dann kopfüber die Decke entlang und dann die andere Wand wieder hinunter. „Mehr, mehr!" schrie Häwelmann, als er wieder auf dem Boden war; und dann blies er wieder seine Backen auf, und dann ging es wieder kopfüber und kopfunter. Es war ein großes Glück für den kleinen Häwelmann, daß es gerade Nacht war und die Erde auf dem Kopf stand; sonst hätte er doch gar zu leicht den Hals brechen können.

Als er dreimal die Reise gemacht hatte, guckte der Mond ihm plötzlich ins Gesicht. „Junge", sagte er, „hast du noch nicht genug?" – „Nein", schrie Häwelmann, „mehr, mehr! Mach mir die Tür auf! Ich will durch die Stadt fahren; alle Menschen sollen mich fahren sehen." – „Das kann ich nicht", sagte der gute Mond; aber er ließ einen langen Strahl durch das Schlüsselloch fallen; und darauf fuhr der kleine Häwelmann zum Hause hinaus.

Auf der Straße war es ganz still und einsam. Die hohen Häuser standen im hellen Mondschein und glotzten mit ihren schwarzen Fenstern recht dumm in die Stadt hinaus; aber die Menschen waren nirgends zu sehen. Es rasselte recht, als der kleine Häwelmann in seinem Rollenbette über das Straßenpflaster fuhr; und der gute Mond ging immer neben ihm und leuchtete. So fuhren sie Straßen aus, Straßen ein; aber die Menschen waren nirgends zu sehen. Als sie bei der Kirche vorbeikamen, da krähte auf einmal der große goldene Hahn auf dem Glockenturme. Sie hielten still. „Was machst du da?" rief der kleine Häwelmann hinauf. – „Ich krähe zum erstenmal!" rief der goldene Hahn herunter. – „Wo sind denn die Menschen?" rief der kleine Häwelmann hinauf. – „Die schlafen", rief der goldene Hahn herunter, „wenn ich zum drittenmal krähe, dann wacht der erste Mensch auf."– „Das dauert mir zu lange", sagte Häwelmann, „ich will in den Wald fahren, alle Tiere sollen mich fahren sehen!" – „Junge", sagte der gute alte Mond, „hast du noch nicht genug?" –„Nein", schrie Häwelmann, „mehr, mehr! Leuchte, alter Mond, leuchte!" Und damit blies er die Backen auf, und der gute alte Mond leuchtete, und so fuhren sie zum Stadttor hinaus und übers Feld und in den dunkeln Wald hinein. Der gute Mond hatte große Mühe, zwischen den vielen Bäumen durchzukommen; mitunter war er ein ganzes Stück zurück, aber er holte den kleinen Häwelmann doch immer wieder ein.

Im Walde war es still und einsam; die Tiere waren nicht zu sehen; weder die Hirsche noch die Hasen, auch nicht die kleinen Mäuse. So fuhren sie immer weiter, durch Tannen- und Buchenwälder, bergauf und bergab. Der gute Mond ging nebenher und leuchtete in alle Büsche; aber die Tiere waren nicht zu sehen; nur eine kleine Katze saß oben in einem Eichbaum und funkelte mit den Augen. Da hielten sie still. „Das ist der kleine Hinze!" sagte Häwelmann, „ich kenne ihn wohl; er will die Sterne nachmachen." Und als sie weiterfuhren, sprang die kleine Katze mit von Baum zu Baum. „Was machst du da?" rief der kleine Häwelmann hinauf. – „Ich illuminiere!" rief die kleine Katze herunter. – „Wo sind denn die andern Tiere?" rief der kleine Häwelmann hinauf. –„Die schlafen", rief die kleine Katze herunter und sprang wieder einen Baum weiter; „horch nur, wie sie schnarchen!" – „Junge", sagte der gute alte Mond, „hast du noch nicht genug?" – „Nein", schrie Häwelmann, „mehr, mehr! Leuchte, alter Mond, leuchte!" Und dann blies er die Backen auf, und der gute alte Mond leuchtete; und so fuhren sie zum Walde hinaus und dann über die Heide bis ans Ende der Welt, und dann gerade in den Himmel hinein.

Hier war es lustig; alle Sterne waren wach und hatten die Augen auf und funkelten, daß der ganze Himmel blitzte. „Platz da!" schrie Häwelmann und fuhr in den hellen Haufen hinein, daß die Sterne links und rechts vor Angst vom Himmel fielen. „Junge", sagte der gute alte Mond, „hast du noch nicht genug?" – „Nein!" schrie der kleine Häwelmann, „mehr, mehr!" Und – hast du nicht gesehen! fuhr er dem alten guten Mond quer über die Nase, daß er ganz dunkelbraun im Gesicht wurde. „Pfui!" sagte der Mond und nieste dreimal, „alles mit Maßen!" Und damit putzte er seine Laterne aus, und alle Sterne machten die Augen zu. Da wurde es im ganzen Himmel auf einmal so dunkel, daß man es ordentlich mit Händen greifen konnte. „Leuchte, alter Mond, leuchte!" schrie Häwelmann, aber der Mond war nirgends zu sehen und auch die Sterne nicht; sie waren schon alle zu Bett gegangen. Da fürchtete der kleine Häwelmann sich sehr, weil er so allein im Himmel war. Er nahm sein Hemdzipfelchen in die Hände und blies die Backen auf; aber er wußte weder aus noch ein, er fuhr kreuz und quer, hin und her, und niemand sah ihn fahren, weder die Menschen noch die Tiere, noch die lieben Sterne.

Da guckte endlich unten, ganz unten am Himmelsrande ein rotes rundes Gesicht zu ihm herauf, und der kleine Häwelmann meinte, der Mond sei wieder aufgegangen. „Leuchte, alter Mond, leuchte!" rief er. Und dann blies er wieder die Backen auf und fuhr quer durch den ganzen Himmel und gerade drauflos. Es war aber die Sonne, die gerade aus dem Meere heraufkam. „Junge", rief sie und sah ihm mit ihren glühenden Augen ins Gesicht, „was machst du hier in meinem Himmel?" Und – eins, zwei, drei! nahm sie den kleinen Häwelmann und warf ihn mitten in das große Wasser. Da konnte er schwimmen lernen.

Und dann?

Ja und dann? Weißt du nicht mehr? Wenn ich und du nicht gekommen wären und den kleinen Häwelmann in unser Boot genommen hätten, so hätte er doch leicht ertrinken können!

[1] langen – to reach   [2] possierlich – comic

Dehmel

Das Märchen vom Maulwurf[1]

Vor vielen tausend Jahren, als die Menschen noch keine Kleider trugen, lebte mitten in der Erde ein Zwerg, so tief unten, daß kein Mensch etwas von ihm wußte. Und er selbst wußte von den Menschen auch nichts; denn er hatte sehr viel zu tun. Er war ein König über die andern Zwerge, und schon fünf mächtige Höhlen hatte er sich ausputzen lassen, und war ganz alt und grämlich dabei geworden, so viel hatte er zu befehlen.

Es war aber nicht dunkel da unten in den Höhlen, sondern eine glänzte immer bunter als die andere, so viel Diamanten und Opale hatte das Zwergvolk drin aufgebaut, und die Wände waren von blankem Kristall, jede in einer besonderen Farbe. Und da saß nun der König der Zwerge, in seinem Mantel von schwarzem Sammet, auf einem großen grünen Smaragdstein,[2] und faßte sich an seine spitze Nase und überlegte mit seinen alten Fingern, ob auch alles hell genug wäre. Er fand es aber durchaus nicht hell genug.

Da machten ihm die anderen Zwerge eine sechste Höhle zurecht, mit Wänden von lauter Rubinen, die wie ein einziger Feuerschein glühten, und das dauerte tausend Jahre; aber er fand auch Das noch nicht hell genug. Als er nun immer trauriger wurde in seinem schwarzen Sammetmantel, kamen die anderen alle zusammen, und die Jüngsten sagten zu den Alten: kommt, laßt uns eine blaue Höhle machen!

Dafür wären sie beinahe totgeschimpft worden, denn bis dahin hatte das Zwergvolk die blaue Farbe nicht leiden können. Weil aber alle anderen Farben in den sechs Höhlen schon durchprobiert waren, sagten endlich auch die ältesten Zwerge ja und gaben den jungen die Hände. Dann gingen alle an die Arbeit und putzten heimlich eine siebente Höhle aus, mit Wänden von echten Türkisen,[3] die so hell und blaue wie der Himmel waren, und das dauerte wieder tausend Jahre.

Die gefiel nun dem König wirklich, und der alleräleste Zwerg, der fast so alt wie der König selbst war, schoß vor Verwunderung einen Purzelbaum. Darauf trugen sie den grossen Smaragdstein in die neue Höhle hinein, und der König setzte sich auf ihn und freute sich, wie schön sein schwarzer Sammetmantel zu den hellblauen Wänden paßte. Nachdem er aber fünfhundert Jahre so gesessen hatte, fand er auch Das nicht mehr hell genug; er wurde trauriger als je zuvor und seine Nase immer spitzer.

Fünfhundert Jahre saß er noch und überlegte seinen Kummer, sodaß er schon ganz fett zu werden anfing. Endlich ertrug er das nicht länger, ließ sich die jüngsten Zwerge kommen und sagte: macht mir eine Höhle, die ein Licht hat wie alle Farben in eine verschmolzen. Das aber verstanden auch die allerjüngsten nicht, und glaubten, ihr König sei verrückt geworden.

Da beschloß er, sie zu verlassen und selbst nach seinem hellen Lichte zu sehen. Er stieg herunter von seinem Smaradgstein, und schnitt den schwarzen Sammetmantel etwas kürzer, sodaß er Hände und Füsse frei bewegen konnte, und fing an zu graben. Weil aber unten in der Erde die Andern schon alles abgesucht hatten, so meinte er, das Licht, wonach er solche Sehnsucht fühlte, müsse wohl weiter oben liegen, und grub sich in die Höhe; und weil das Zwergvolk damals den Spaten noch nicht erfunden hatte, so mußte er die Finger zum Wühlen nehmen. Das tat ihm nun sehr weh, denn er war das nicht gewohnt; aber er hatte solche Sehnsucht nach dem Licht.

Dreitausend Jahre wühlte der König der Zwerge und grub sich höher und höher hinauf. Die Haut um seine Finger war schon ganz dünn davon geworden, sodaß die kleinen Hände ganz rosarot aus seinem schwarzen Sammetmantel guckten, aber immer sah er das Licht noch nicht. Nur tief von unten schimmerte noch ein blaues Pünktchen zu ihm herauf, aus seiner siebenten Höhle her; aber um ihn und über ihm war alles schwarz. Auch etwas magerer war er geworden, und die Nase noch spitzer.

Da überlegte er, ob er nicht lieber zu seinem Volk zurückkehren sollte; aber er fürchtete, dann würden sie ihn absetzen und wirklich in ein Irrenhaus sperren. Also ging er aufs neue an die Arbeit mit seinen rosaroten Zwerghänden, und grub nochmals dreitausend Jahre lang, und es wurde immer dunkler um ihn her, bis schließlich auch das blaßblaue Pünktchen tief unten hinter ihm verschwand. Als er nun garnichts mehr sehen konnte, hörte er auf zu wühlen und sprang in die Höhe und wollte sich den Kopf einstoßen, so furchtbar traurig war ihm zumute.

Da ging auf einmal die Erde entzwei über ihm, und er schrie laut auf vor Entzücken und schloß die Augen vor hellem Schmerz, so viele Farben gab es da oben, als ob ihn tausend bunte Messer stächen, bis ins Herz. Denn hoch im Blauen über der Erde, viel höher als er gegraben hatte, so hell wie alle Farben in eine verschmolzen, stand eine große strahlende Kugel, und Alles war Ein Licht.

Als er es aber ansehen wollte und seine Augen wieder aufschlug, da war er blind geworden und fiel auf die Stirn. Und er fühlte, wie schwach sein Königsherz war, und wie sein schwarzer Mantel vor Schreck mit ihm zusammenwuchs, und daß er kleiner und kleiner wurde und seine Nase immer spitzer, und plötzlich rutschte er zurück in die Erde.

Seit dem Tage gibt es Maulwürfe hier oben, und darum haben sie ein schwarzes Sammetfell und rosarote Zwerghände und sind blind. Und manchmal, wenn die Sonne recht kräftig scheint, dann stoßen sie ein Häufchen Erde hoch und stecken die spitze Nase an die Luft, vor Sehnsucht nach dem Licht.

[1] der Maulwurf – mole   [2] der Smaragd – emerald   [3] der Türkis – turquoise

Grimm

Rumpelstilzchen

Es war einmal ein Müller, der war arm, aber er hatte eine schöne Tochter. Nun traf es sich, daß er mit dem König zu sprechen kam, und um sich ein Ansehen zu geben, sagte er zu ihm: „ich habe eine Tochter, die kann Stroh zu Gold spinnen." Der König sprach zum Müller, „Das ist eine Kunst, die mir wohl gefällt, wenn deine Tochter so geschickt ist, wie du sagst, so bring sie morgen in mein Schloß, da will ich sie auf die Probe stellen." Als nun das Mädchen zu ihm gebracht ward,[1] führte er es in eine Kammer, die ganz voll Stroh lag, gab ihr Rad und Haspel und sprach: „Jetzt mache dich an die Arbeit, und wenn du diese Nacht durch bis morgen früh dieses Stroh nicht zu Gold versponnen hast, so mußt du sterben." Darauf schloß er die Kammer selbst zu, und sie blieb allein darin.

Da saß nun die arme Müllerstochter und wußte um ihr Leben keinen Rat: sie verstand gar nichts davon, wie man Stroh zu Gold spinnen konnte, und ihre Angst ward immer größer, daß sie endlich zu weinen anfing. Da ging auf einmal die Türe auf, und trat ein kleines Männchen herein und sprach: „Guten Abend, Jungfer Müllerin, warum weint sie so sehr?" „Ach," antwortete das Mädchen, „ich soll Stroh zu Gold spinnen und verstehe das nicht." Sprach das Männchen: „Was gibst du mir, wenn ich dirs spinne?" „Mein Halsband", sagte das Mädchen. Das Männchen nahm das Halsband, setzte sich vor das Rädchen, und schnurr, schnurr,

schnurr, dreimal gezogen, war die Spule voll. Dann steckte es eine andere auf, und schnurr, schnurr, schnurr, dreimal gezogen, war auch die zweite voll: und so gings fort bis zum Morgen, da war alles Stroh versponnen, und alle Spulen waren voll Gold. Bei Sonnenaufgang kam schon der König, und als er das Gold erblickte, erstaunte er und freute sich, aber sein Herz ward nur noch goldgieriger. Er ließ die Müllerstochter in eine andere Kammer voll Stroh bringen, die noch viel größer war, und befahl ihr, das auch in einer Nacht zu spinnen, wenn ihr das Leben lieb wäre. Das Mädchen wußte sich nicht zu helfen und weinte, da ging abermals die Türe auf, und das kleine Männchen erschien und sprach: „Was gibst du mir, wenn ich dir das Stroh zu Gold spinne?" „Meinen Ring von dem Finger," antwortete das Mädchen. Das Männchen nahm den Ring, fing wieder an zu schnurren mit dem Rade und hatte bis zum Morgen alles Stroh zu glänzendem Gold gesponnen. Der König freute sich über die Maßen bei dem Anblick, war aber noch immer nicht Goldes satt, sondern ließ die Müllerstochter in eine noch größere Kammer voll Stroh bringen und sprach: „Die mußt du noch in dieser Nacht verspinnen: gelingt dirs aber, so sollst du meine Gemahlin werden." „Wenns auch eine Müllerstochter ist," dachte er, „eine reichere Frau finde ich in der ganzen Welt nicht." Als das Mädchen allein war, kam das Männlein zum drittenmal wieder und sprach: „Was gibst du mir, wenn ich dir noch diesmal das Stroh spinne?" „Ich habe nichts mehr, das ich geben könnte," antwortete das Mädchen. „So versprich mir, wenn du Königin wirst, dein erstes Kind." „Wer weiß, wie das noch geht", dachte die Müllerstochter und wußte sich auch in der Not nicht anders zu helfen; sie versprach also dem Männchen, was es verlangte, und das Männchen spann dafür noch einmal das Stroh zu Gold. Und als am Morgen der König kam und alles fand, wie er gewünscht hatte, so hielt er Hochzeit mit ihr, und die schöne Müllerstochter ward eine Königin.

Über ein Jahr brachte sie ein schönes Kind zur Welt und dachte gar nicht mehr an das Männchen: da trat es plötzlich in ihre Kammer und sprach: „Nun gib mir, was du versprochen hast." Die Königin erschrak und bot dem Männchen alle Reichtümer des Königreichs an, wenn es ihr das Kind lassen wollte: aber das Männchen sprach: „Nein, etwas Lebendes ist mir lieber als alle Schätze der Welt." Da fing die Königin so an zu jammern und zu weinen, daß das Männchen Mitleiden mit ihr hatte: „Drei Tage will ich dir Zeit lassen", sprach er, „wenn du bis dahin meinen Namen weißt, so sollst du dein Kind behalten."

Nun besann sich die Königin die ganze Nacht über auf alle Namen, die sie jemals gehört hatte, und schickte einen Boten über Land, der sollte sich erkundigen weit und breit, was es sonst noch für Namen gäbe. Als am andern Tag das Männchen kam, fing sie an mit Kaspar, Melchior, Balzer, und sagte alle Namen, die sie wußte, nach der Reihe her, aber bei jedem sprach das Männlein: „So heiß ich nicht." Den zweiten Tag ließ sie in der Nachbarschaft herumfragen, wie die Leute da genannt würden, und sagte dem Männlein die ungewöhnlichsten und seltsamsten Namen vor: „Heißt du vielleicht Rippenbiest oder Hammelswade oder Schnürbein?" aber es antwortete immer: „So heiß ich nicht." Den dritten Tag kam der Bote wieder zurück und erzählte: „Neue Namen habe ich keinen einzigen finden können, aber wie ich an einen hohen Berg um die Waldecke kam, wo Fuchs und Has sich gute Nacht sagen,[2] so sah ich da ein kleines Haus, und vor dem Haus brannte ein Feuer, und um das Feuer sprang ein gar zu lächerliches Männchen, hüpfte auf einem Bein und schrie:

,heute back ich, morgen brau ich,
übermorgen hol ich der Königin ihr Kind;
ach, wie gut ist, daß niemand weiß,
daß ich Rumpelstilzchen heiß!' "

Da könnt ihr denken, wie die Königin froh war, als sie den Namen hörte, und als bald hernach das Männlein hereintrat und fragte: „Nun, Frau Königin, wie heiß ich?" fragte sie erst: „Heißest du Kunz?" „Nein." „Heißest du Heinz?" „Nein."

„Heißt du etwa Rumpelstilzchen?"

„Das hat dir der Teufel gesagt, das hat dir der Teufel gesagt", schrie das Männlein und stieß mit dem rechten Fuß vor Zorn so tief in die Erde, daß es bis an den Leib hineinfuhr, dann packte es in seiner Wut den linken Fuß mit beiden Händen und riß sich selbst mitten entzwei.

[1] ward – wurde
[2] wo Fuchs und Has sich gute Nacht sagen – very remote

Der Hund und der Sperling

Ein Schäferhund hatte keinen guten Herrn, sondern einen, der ihn Hunger leiden ließ. Wie ers nicht länger bei ihm aushalten konnte, ging er ganz traurig fort. Auf der Straße begegnete ihm ein Sperling, der sprach „Bruder Hund, warum bist du so traurig?" Antwortete der Hund „ich bin hungrig und habe nichts zu fressen." Da sprach der Sperling „Lieber Bruder, komm mit in die Stadt, so will ich dich satt machen." Also gingen sie zusammen in die Stadt, und als sie vor einen Fleischerladen kamen, sprach der Sperling zum Hunde „Da bleib stehen, ich will dir ein Stück Fleisch herunterpicken", setzte sich auf den Laden, schaute sich um, ob ihn auch niemand bemerkte, und pickte, zog und zerrte so lang an einem Stück, das am Rande lag, bis es herunterrutschte. Da packte es der Hund, lief in eine Ecke und fraß es auf. Sprach der Sperling „Nun komm mit zu einem andern Laden, da will ich dir noch ein Stück herunterholen, damit du satt wirst." Als der Hund auch das zweite Stück gefressen hatte, fragte der Sperling „Bruder Hund, bist du nun satt?" „Ja, Fleisch bin ich satt", antwortete er, „aber ich habe noch kein Brot gekriegt." Sprach der Sperling „Das sollst du auch haben, komm nur mit." Da führte er ihn an einen Bäckerladen und pickte an ein paar Brötchen, bis sie herunterrollten, und als der Hund noch mehr wollte, führte er ihn zu einem andern und holte ihm noch einmal Brot herab. Wie das verzehrt war, sprach der Sperling „Bruder Hund, bist du nun satt?" „Ja," antwortete er, „nun wollen wir ein bißchen vor die Stadt gehen."

Da gingen sie beide hinaus auf die Landstraße. Es war aber warmes Wetter, und als sie ein Eckchen gegangen waren, sprach der Hund „Ich bin müde und möchte gerne schlafen." „Ja, schlaf nur", antwortete der Sperling, „ich will mich derweil auf einen Zweig setzen." Der Hund legte sich also auf die Straße und schlief fest ein. Während er da lag und schlief, kam ein Fuhrmann herangefahren, der hatte einen Wagen mit drei Pferden, und hatte zwei Fässer Wein geladen. Der Sperling aber sah, daß er nicht ausbiegen wollte, sondern in der Fahrgleise blieb, in welcher der Hund lag, da rief er „Fuhrmann, tus nicht, oder ich mache dich arm." Der Fuhrmann aber brummte vor sich „Du wirst mich nicht arm machen", knallte mit der Peitsche und trieb den Wagen über den Hund, daß ihn die Räder totfuhren. Da rief der Sperling „Du hast mir meinen Bruder Hund totgefahren, das soll dich Karre und Gaul[1] kosten." „Ja, Karre und Gaul", sagte der Fuhrmann „was könntest du mir schaden!" und fuhr weiter. Da kroch der Sperling unter das Wagentuch und pickte an dem einen Spundloch[2] so lange, bis er den Spund losbrachte: da lief der ganze Wein heraus, ohne daß es der Fuhrmann merkte. Und als er einmal hinter sich blickte, sah er, daß der Wagen tröpfelte, untersuchte die Fässer und fand, daß eins leer war. „Ach, ich armer Mann!" rief er. „Noch nicht arm genug", sprach der Sperling und flog dem einen Pferd auf den Kopf und pickte ihm die Augen aus. Als der Fuhrmann das sah, zog er seine Hacke heraus und wollte den Sperling treffen, aber der Sperling flog in die Höhe, und der Fuhrmann traf seinen Gaul auf den Kopf, daß er tot hinfiel. „Ach, ich armer Mann!" rief er. „Noch nicht arm genug," sprach der Sperling, und als der Fuhrmann mit den zwei Pferden weiterfuhr, kroch der Sperling wieder unter das Tuch und pickte den Spund auch am zweiten Faß los, daß aller Wein herausschwankte. Als es der Fuhrmann gewahr wurde, rief er wieder „Ach, ich armer Mann!" aber der Sperling antwortete „Noch nicht arm genug," setzte sich dem zweiten Pferd auf den Kopf und pickte ihm die Augen aus. Der

Fuhrmann lief herbei und holte mit seiner Hacke aus, aber der Sperling flog in die Höhe, da traf der Schlag das Pferd, daß es hinfiel. „Ach, ich armer Mann!" „Noch nicht arm genug", sprach der Sperling, setzte sich auch dem dritten Pferd auf den Kopf und pickte ihm nach den Augen. Der Fuhrmann schlug in seinem Zorn, ohne umzusehen, auf den Sperling los, traf ihn aber nicht, sondern schlug auch sein drittes Pferd tot. „Ach, ich armer Mann!" rief er. „Noch nicht arm genug", antwortete der Sperling, „jetzt will ich dich daheim arm machen," und flog fort.

Der Fuhrmann mußte den Wagen stehen lassen und ging voll Zorn und Ärger heim. „Ach," sprach er zu seiner Frau, „was hab ich Unglück gehabt! der Wein ist ausgelaufen, und die Pferde sind alle drei tot." „Ach, Mann", antwortete sie, „was für ein böser Vogel ist ins Haus gekommen! er hat alle Vögel auf der Welt zusammengebracht, und die sind droben über unsern Weizen hergefallen und fressen ihn auf." Da stieg er hinauf, und tausend und tausend Vögel saßen auf dem Boden und hatten den Weizen aufgefressen, und der Sperling saß mitten darunter. Da rief der Fuhrmann „Ach, ich armer Mann!" „Noch nicht arm genug", antwortete der Sperling, „Fuhrmann, es kostet dir noch dein Leben", und flog hinaus.

Da hatte der Fuhrmann all sein Gut verloren, ging hinab in die Stube, setzte sich hinter den Ofen und zwar ganz bös und giftig. Der Sperling aber saß draußen vor dem Fenster und rief „Fuhrmann, es kostet dir dein Leben." Da griff der Fuhrmann die Hacke und warf sie nach dem Sperling: aber er schlug nur die Fensterscheiben entzwei und traf den Vogel nicht. Der Sperling hüpfte nun herein, setzte sich auf den Ofen und rief „Fuhrmann, es kostet dir dein Leben." Dieser, ganz toll und blind vor Wut, schlägt den Ofen entzwei, und so fort, wie der Sperling von einem Ort zum andern fliegt, sein ganzes Hausgerät, Spieglein, Bänke, Tisch, und zuletzt die Wände seines Hauses, und kann ihn nicht treffen. Endlich aber erwischt er ihn doch mit der Hand. Da sprach seine Frau „Soll ich ihn totschlagen?" „Nein", rief er, „das wäre zu gelind, der soll viel mörderlicher sterben, ich will ihn verschlingen", und nimmt ihn, und verschlingt ihn auf einmal. Der Sperling aber fängt an in seinem Leibe zu flattern, flattert wieder herauf, dem Mann in den Mund: da streckte er den Kopf heraus und ruft „Fuhrmann, es kostet dir doch dein Leben." Der Fuhrmann reicht seiner Frau die Hacke und spricht „Frau, schlag mir den Vogel im Munde tot." Die Frau schlägt zu, schlägt aber fehl, und schlägt dem Fuhrmann gerade auf den Kopf, so daß er tot hinfällt. Der Sperling aber fliegt auf und davon.

---

[1] der Gaul – horse
[2] das Spundloch – bung-hole

Der alte Großvater und der Enkel

Es war einmal ein steinalter Mann, dem waren die Augen trüb geworden, die Ohren taub, und die Knie zitterten ihm. Wenn er nun bei Tische saß und den Löffel kaum halten konnte, schüttete er Suppe auf das Tischtuch, und es floß ihm auch etwas wieder aus dem Mund. Sein Sohn und dessen Frau ekelten sich davor, und deswegen mußte sich der alte Großvater endlich hinter den Ofen in die Ecke setzen, und sie gaben ihm sein Essen in ein irdenes Schüsselchen und noch dazu nicht einmal satt; da sah er betrübt nach dem Tisch, und die Augen wurden ihm naß. Einmal auch konnten seine zitterigen Hände das Schüsselchen nicht festhalten, es fiel zur Erde und zerbrach. Die junge Frau schalt, er sagte aber nichts und seufzte nur. Da kaufte sie ihm ein hölzernes Schüsselchen für ein paar Heller, daraus mußte er nun essen. Wie sie da so sitzen, so trägt der kleine Enkel von vier Jahren auf der Erde kleine Brettlein zusammen. „Was machst du da?" fragte der Vater. „Ich mache ein Tröglein",[1] antwortete das Kind, „daraus sollen Vater und Mutter essen, wenn ich groß bin." Da sahen sich Mann und Frau eine Weile an, fingen endlich an zu weinen, holten alsofort den alten Großvater an den Tisch und ließen ihn von nun an immer mitessen, sagten auch nichts, wenn er ein wenig verschüttete.

[1] ein Tröglein – a little trough

Liebe?

Timid, passionate, flirtatious, platonic, sexual, selfish and compassionate – Goethe's love poetry is all this, and he expresses these various emotions in sonnets, ballads, epigrams, aphorisms, rhapsodic free verse, *Lyrik* and *Gedankenlyrik*. He is at once the greatest and the most varied of German love-poets. His earliest lyrics, of which *Die schöne Nacht* is an example, are dainty and decorative and lack the urgency which characterizes the poems he wrote in the early 1770s. The rhythm is a little too regular and does not change to match the increased excitement while the use of words borrowed from Latin and Greek ('Luna', 'Zephyr') seems unnatural. The prettiness of the poem, with its neat little close, is perfectly matched by Reichardt's dainty, strophic setting.

With *Mailied* we are in a different world. The mood is euphoric. The stress in the second line falls forcefully on 'mir', the poet is concerned with the intensity of his own love, and as in so many of these exultant early love-poems, the girl is hardly described at all. As his excitement mounts, the verbs vanish, the ellipses increase, each line flows into the next and new words are coined to express new feelings. Ellipsis, neologism and *enjambement* are the technical hallmarks of these early poems. Many of them appear spontaneous but are in fact highly structured – particularly worth noting is the change of rhythm in the third stanza of *Willkommen und Abschied*: the iambics of the first two verses, which convey the pounding of his horse through the night, change to a rhythm which stresses the first syllable ('Dích sah ich . . .'). The journey is ended, and the poet's pent-up emotion is released in the *enjambement* ('Und die milde Freude/Floß von dem süßen Blick auf mich') that breaks a succession of no fewer than seven end-stopped lines. These poems are seldom sad, and, with Goethe, poems of unrequited love are rare. The early poems flame with the passion of mutual love, and it is usually only within the framework of fiction that he seems capable of writing sad or tortured poems (see *Ach neige*, page 23 and the *Gesänge des Harfners*, page 105).

All this changed when Goethe moved to Weimar at the invitation of Duke Karl August. His poetry became more reflective, he accepted convention more, he grew aware of his own limitations, his poetry was now often more cerebral than celebratory (compare *Mailied*, with *Natur und Kunst*, page 148), question marks tended to replace exclamation marks. He became less selfish, more aware of the needs

69

of others, more moral. The two short *Wanderers Nachtlieder* could hardly be more different in theme and tone than, say, *Neue Liebe, neues Leben*. The first night-song is a plea for peace, for the alleviation of suffering not only in himself, but in others. The second which, apparently spontaneous, was scribbled on the wall of a mountain hut, answers the plea and describes that peace as it approaches across the distant mountain nearer and nearer to the poet's own heart.

In 1786 Goethe departed for Rome, away from the constraints of Weimar society, and, inspired by Rome's past history and literature on this and a subsequent visit in 1790, he wrote poems of frank sensuality that border on the pornographic. But to suppress poems such as *Knaben liebt ich wohl auch* and *In dem engsten der Gäßchen* encourages an erroneous image of him and diminishes the stature of the man.

Heine and Mörike are more limited in range. Heine's love poetry, mostly written before his move to Paris in 1831, is, on closer analysis, poetry of hate and despair, as a study of the imagery in *Ich grolle nicht*, the half-rhyme in the final stanza of *Ein Jüngling liebt ein Mädchen* and the sarcastic jingles of *Sie saßen und tranken am Teetisch* suggests. Very rarely does Heine give us a straightforward poem of love, grief or longing. A poem may begin innocently enough, like *Das Fräulein stand am Meere*, but the mockery starts in the euphonious jingle of the next line, continues in the archaic duo-syllabic form of 'sehr' that creates another jingle, and finally deflates the initial romantic mood with the most prosaic account of a sunset. Irony or self-mockery almost always lurk in the background but were frequently missed by his Victorian translators. Mendelssohn, too, failed to sense the romantic irony of *Auf Flügeln des Gesanges*, and blithely set the whole poem to serene A flat major arpeggios. Schumann, however, in his *Dichterliebe*, captures again and again Heine's modulations from joy to bitterness to despair.

Mörike, the bespectacled curate from Cleversulzbach, was no less passionate and no less sensual than Goethe, but after a traumatic experience with the mysterious Maria Mayer whom he met in 1823, he shrank from passion and strove henceforth to avoid overpowering emotions of every kind (see *Gebet* and *Verborgenheit*, pages 84–5). Many of his poems attempt to maintain a balance between bliss and despair: he is the poet par excellence of half-tones, a precise recorder of the subtlest, most fleeting emotions (*Im Frühling*, page 124). Hugo Wolf's settings of these poems in his *Mörike-Liederbuch* of 1888 capture in almost uncanny fashion their mood and rhythms. Many of the poems in *Gefunden* have been set to music and should be heard, not only for their own beauty, but for the way the music can illuminate the texts by its appropriate or inappropriate mood.

70

Love of one's fellow human beings and uncomplicated earthy passion are contrasted in the two arias from Mozart's and Schikaneder's *Die Zauberflöte*, an opera in which humanitarianism triumphs over evil, and Tamino finally learns to think for himself and wins Pamina. They probably live happily ever after – a state that quite eludes the couple in Max Frisch's story from his novel *Stiller* (the 'ihr' in the first sentence refers to Stiller's wife, who is on her way to visit him in prison), and the couples in Tucholsky's satires which bristle with conjugal discord. As the proverb puts it: 'Es ist kein' Eh ohne ein Weh'.

Wondratschek

43 Liebesgeschichten

Didi will immer. Olga ist bekannt dafür. Ursel hat schon dreimal
Pech gehabt. Heidi macht keinen Hehl daraus.
Bei Elke weiß man nicht genau. Petra zögert. Barbara schweigt.
Andrea hat die Nase voll. Elisabeth rechnet nach. Eva sucht überall.
Ute ist einfach zu kompliziert.
Gaby findet keinen. Sylvia findet es prima. Marianne bekommt
Anfälle.
Nadine spricht davon. Edith weint dabei. Hannelore lacht darüber.
Erika freut sich wie ein Kind. Bei Loni könnte man einen Hut
dazwischenwerfen.
Katharina muß man dazu überreden. Ria ist sofort dabei. Brigitte ist
tatsächlich eine Überraschung. Angela will nichts davon wissen.
Helga kann es.
Tanja hat Angst. Lisa nimmt alles tragisch. Bei Carola, Anke und
Hanna hat es keinen Zweck.
Sabine wartet ab. Mit Ulla ist das so eine Sache. Ilse kann sich
erstaunlich beherrschen.
Gretel denkt nicht daran. Vera denkt sich nichts dabei. Für Margot
ist es bestimmt nicht einfach.
Christel weiß, was sie will. Camilla kann nicht darauf verzichten.
Gundula übertreibt. Nina ziert sich noch. Ariane lehnt es einfach ab.
Alexandra ist eben Alexandra.
Vroni ist verrückt danach. Claudia hört auf ihre Eltern.
Didi will immer.

Goethe

Die schöne Nacht

Nun verlaß ich diese Hütte,
Meiner Liebsten Aufenthalt,
Wandle mit verhülltem Schritte
Durch den öden finstern Wald.
Luna bricht durch Busch und Eichen,
Zephir meldet ihren Lauf,
Und die Birken streun mit Neigen
Ihr den süßten Weihrauch auf.

Wie ergötz ich mich im Kühlen
Dieser schönen Sommernacht!
O wie still ist hier zu fühlen,
Was die Seele glücklich macht!
Läßt sich kaum die Wonne fassen!
Und doch wollt ich, Himmel, dir
Tausend solcher Nächte lassen,
Gäb mein Mädchen Eine mir.

Mailied

Wie herrlich leuchtet
Mir die Natur!
Wie glänzt die Sonne!
Wie lacht die Flur!

Es dringen Blüten
Aus jedem Zweig
Und tausend Stimmen
Aus dem Gesträuch.

Und Freud und Wonne
Aus jeder Brust.
O Erd, o Sonne!
O Glück, o Lust!

O Lieb, o Liebe!
So golden schön,
Wie Morgenwolken
Auf jenen Höhn!

Du segnest herrlich
Das frische Feld,
Im Blütendampfe
Die volle Welt.

O Mädchen, Mädchen,
Wie lieb ich dich!
Wie blickt dein Auge!
Wie liebst du mich!

So liebt die Lerche
Gesang und Luft,
Und Morgenblumen
Den Himmelsduft,

Wie ich dich liebe
Mit warmem Blut,
Die du mir Jugend
Und Freud und Mut

Zu neuen Liedern
Und Tänzen gibst.
Sei ewig glücklich,
Wie du mich liebst!

Willkommen und Abschied

Es schlug mein Herz, geschwind zu Pferde!
Es war getan fast eh gedacht;
Der Abend wiegte schon die Erde,
Und an den Bergen hing die Nacht:
Schon stand im Nebelkleid die Eiche,
Ein aufgetürmter Riese, da,
Wo Finsternis aus dem Gesträuche
Mit hundert schwarzen Augen sah.

Der Mond von einem Wolkenhügel
Sah kläglich aus dem Duft hervor,
Die Winde schwangen leise Flügel,
Umsausten schauerlich mein Ohr;
Die Nacht schuf tausend Ungeheuer;
Doch frisch und fröhlich war mein Mut:
In meinen Adern welches Feuer!
In meinem Herzen welche Glut!

Dich sah ich, und die milde Freude
Floß von dem süßen Blick auf mich;
Ganz war mein Herz an deiner Seite
Und jeder Atemzug für dich.
Ein rosenfarbnes Frühlingswetter
Umgab das liebliche Gesicht,
Und Zärtlichkeit für mich – ihr Götter!
Ich hofft es, ich verdient es nicht!

Doch ach, schon mit der Morgensonne
Verengt der Abschied mir das Herz:
In deinen Küssen welche Wonne!
In deinem Auge welcher Schmerz!
Ich ging, du standst und sahst zur Erden,
Und sahst mir nach mit nassem Blick:
Und doch, welch Glück, geliebt zu werden!
Und lieben, Götter, welch ein Glück!

*

Bin so in Lieb zu ihr versunken,
Als hätt ich von ihrem Blut getrunken.

Neue Liebe, neues Leben

Herz, mein Herz, was soll das geben?
Was bedränget dich so sehr?
Welch ein fremdes, neues Leben!
Ich erkenne dich nicht mehr.
Weg ist alles, was du liebtest,
Weg, warum du dich betrübtest,
Weg dein Fleiß und deine Ruh –
Ach, wie kamst du nur dazu!

Fesselt dich die Jugendblüte,
Diese liebliche Gestalt,
Dieser Blick voll Treu und Güte
Mit unendlicher Gewalt?
Will ich rasch mich ihr entziehen,
Mich ermannen, ihr entfliehen,
Führet mich im Augenblick,
Ach, mein Weg zu ihr zurück.

Und an diesem Zauberfädchen,
Das sich nicht zerreißen läßt,
Hält das liebe lose Mädchen
Mich so wider Willen fest;
Muß in ihrem Zauberkreise
Leben nun auf ihre Weise.
Die Verändrung, ach, wie groß!
Liebe! Liebe! laß mich los!

Nähe des Geliebten

Ich denke dein, wenn mir der Sonne Schimmer
    Vom Meere strahlt;
Ich denke dein, wenn sich des Mondes Flimmer
    In Quellen malt.

Ich sehe dich, wenn auf dem fernen Wege
    Der Staub sich hebt;
In tiefer Nacht, wenn auf dem schmalen Stege
    Der Wandrer bebt.

Ich höre dich, wenn dort mit dumpfem Rauschen
    Die Welle steigt.
Im stillen Haine[1] geh ich oft zu lauschen,[2]
    Wenn alles schweigt.

Ich bin bei dir, du seist auch noch so ferne,
    Du bist mir nah!
Die Sonne sinkt, bald leuchten mir die Sterne.
        O wärst du da!

¹ der Hain – grove   ² lauschen – to listen intently

*

Liebe schwärmt auf allen Wegen,
Treue wohnt für sich allein;
Liebe kommt Euch rasch entgegen,
Aufgesucht will Treue sein.

Gretchen am Spinnrade (aus *Faust*)

Meine Ruh' ist hin,
mein Herz ist schwer,
ich finde sie nimmer
und nimmermehr.

Wo ich ihn nicht hab',
ist mir das Grab,
die ganze Welt
ist mir vergällt.¹

Mein armer Kopf
ist mir verrückt,
mein armer Sinn
ist mir zerstückt.

Meine Ruh' ist hin,
mein Herz ist schwer,
ich finde sie nimmer
und nimmermehr.

Nach ihm nur schau' ich
zum Fenster hinaus,
nach ihm nur geh' ich
aus dem Haus.

Sein hoher Gang,
sein' edle Gestalt,
seines Mundes Lächeln,
seiner Augen Gewalt,

und seiner Rede
Zauberfluß,
sein Händedruck,
und ach, sein Kuß!

Meine Ruh' ist hin,
mein Herz ist schwer,
ich finde sie nimmer
und nimmermehr.

Mein Busen drängt
sich nach ihm hin,
ach dürft' ich fassen
und halten ihn

und küssen ihn,
so wie ich wollt',
an seinen Küssen
vergehen sollt'!

¹ vergällen – to embitter, to mar

76

Wandrers Nachtlied I

Der du von dem Himmel bist,
Alles Leid und Schmerzen stillest,
Den, der doppelt elend ist,
Doppelt mit Erquickung füllest,
Ach, ich bin des Treibens müde!
Was soll all der Schmerz und Lust?
Süßer Friede,
Komm, ach komm in meine Brust!

Wandrers Nachtlied II

Über allen Gipfeln
Ist Ruh,
In allen Wipfeln
Spürest du
Kaum einen Hauch;
Die Vögelein schweigen im Walde.
Warte nur, balde
Ruhest du auch.

Gutmann und Gutweib

Und morgen fällt St. Martins Fest,
Gutweib liebt ihren Mann;
da knetet sie ihm Puddings ein[1]
und bäckt sie in der Pfann'.

Im Bette liegen beide nun.
Da saust ein wilder West;
und Gutmann spricht zur guten Frau:
„Du, riegle die Türe fest!"

„Bin kaum erholt und halb erwarmt!
Wie käm' ich da zu Ruh?
Und klapperte sie einhundert Jahr,
ich riegelte sie nicht zu!"

Drauf eine Wette schlossen sie
ganz leise sich ins Ohr:
So, wer das erste Wörtlein spräch',
der schöbe den Riegel vor.

Zwei Wandrer kommen um Mitternacht
und wissen nicht, wo sie stehn;
die Lampe losch, der Herd verglomm,
zu hören ist nichts, zu sehn.

„Was ist das für ein Hexenort?
Da bricht uns die Geduld!"
Doch hörten sie kein Sterbenswort;
des war die Türe schuld.

Den weißen Pudding speisten sie,
den schwarzen, ganz vertraut;
und Gutweib sagte sich selber viel,
doch keine Silbe laut.

Zum andern sprach der eine dann:
„Wie trocken ist mir der Hals!
Der Schrank, der klafft, und geistig riecht's
da findet sich's allenfalls.

Ein Fläschen Schnaps ergreif' ich da,
das trifft sich doch geschickt!
Ich bring es dir, du bringst es mir,
und bald sind wir erquickt."

Doch Gutmann sprang so heftig auf
und fuhr sie drohend an:
„Bezahlen soll mit teurem Geld,
wer mir den Schnaps vertan!"²

Und Gutweib sprang auch froh heran,
drei Sprünge, als wär' sie reich:
„Du, Gutmann, sprachst das erste Wort,
Nun riegle die Türe gleich!"

¹einkneten – to knead
²vertun – to waste

*

Knaben liebt ich wohl auch, doch lieber sind mir die Mädchen;
Hab ich als Mädchen sie satt, dient sie als Knabe mir noch.

*

In dem engsten der Gäßchen – es drängte sich kaum durch die
   Mauern –
Saß mir ein Mädchen im Weg, als ich Venedig durchlief.
Sie war reizend, der Ort, ich ließ mich Fremder verführen;
Ach, ein weiter Kanal tat sich dem Forschenden auf.
Hättest du Mädchen wie deine Kanäle, Venedig, und Fotzen
Wie die Gäßchen in dir, wärst du die herrlichste Stadt.

Heine

Sie saßen und tranken am Teetisch,
Und sprachen von Liebe viel.
Die Herren, die waren ästhetisch,
Die Damen von zartem Gefühl.

„Die Liebe muß sein platonisch",
Der dürre Hofrat sprach.
Die Hofrätin lächelt ironisch,
Und dennoch seufzet sie: „Ach!"

Der Domherr[1] öffnet den Mund weit:
„Die Liebe sei nicht zu roh,
Sie schadet sonst der Gesundheit."
Das Fräulein lispelt: „Wieso?"

Die Gräfin spricht wehmütig:
„Die Liebe ist eine Passion!"
Und präsentieret gütig
Die Tasse dem Herrn Baron.

Am Tische war noch ein Plätzchen,
Mein Liebchen, da hast du gefehlt.
Du hättest so hübsch, mein Schätzchen,
Von deiner Liebe erzählt.

[1] der Domherr – canon

*

Das Meer erglänzte weit hinaus
Im letzten Abendscheine;
Wir saßen am einsamen Fischerhaus,
Wir saßen stumm und alleine.

Der Nebel stieg, das Wasser schwoll,
Die Möwe flog hin und wieder;
Aus deinen Augen, liebevoll,
Fielen die Tränen nieder.

Ich sah sie fallen auf deine Hand,
Und bin aufs Knie gesunken;
Ich hab' von deiner weißen Hand
Die Tränen fortgetrunken.

Seit jener Stunde verzehrt sich mein Leib,
Die Seele stirbt vor Sehnen; –
Mich hat das unglücksel'ge Weib
Vergiftet mit ihren Tränen.

*

Am fernen Horizonte
Erscheint, wie ein Nebelbild,
Die Stadt mit ihren Türmen
In Abenddämmrung gehüllt.

Ein feuchter Windzug kräuselt
Die graue Wasserbahn;
Mit traurigem Takte rudert
Der Schiffer in meinem Kahn.

Die Sonne hebt sich noch einmal
Leuchtend vom Boden empor,
Und zeigt mir jene Stelle,
Wo ich das Liebste verlor.

*

Still ist die Nacht, es ruhen die Gassen,
In diesem Hause wohnte mein Schatz;
Sie hat schon längst die Stadt verlassen,
Doch steht noch das Haus auf demselben **Platz**.

Da steht auch ein Mensch und starrt in die Höhe,
Und ringt die Hände, vor Schmerzensgewalt;
Mir graust es, wenn ich sein Antlitz sehe, –
Der Mond zeigt mir meine eigne Gestalt.

Du Doppelgänger! du bleicher Geselle!
Was äffst du nach mein Liebesleid,[1]
Das mich gequält auf dieser Stelle,
So manche Nacht, in alter Zeit?

[1] nachäffen – to ape

*

Ich grolle nicht, und wenn das Herz auch bricht,
Ewig verlornes Lieb! ich grolle nicht.
Wie du auch strahlst in Diamantenpracht,
Es fällt kein Strahl in deines Herzens Nacht.

Das weiß ich längst. Ich sah dich ja im Traum,
Und sah die Nacht in deines Herzens Raum,
Und sah die Schlang', die dir am Herzen frißt,
Ich sah, mein Lieb, wie sehr du elend bist.

*

Das Fräulein stand am Meere,
Und seufzte lang und bang,
Es rühret sie so sehre
Der Sonnenuntergang.

Mein Fräulein, sei'n Sie munter,
Das ist ein altes Stück;
Hier vorne geht sie unter,
Und kehrt von hinten zurück.

*

Ein Jüngling liebt ein Mädchen,
Die hat einen andern erwählt;
Der andre liebt eine andre,
Und hat sich mit dieser vermählt.

Das Mädchen heiratet aus Ärger
Den ersten besten Mann,
Der ihr in den Weg gelaufen;
Der Jüngling ist übel dran.

81

Es ist eine alte Geschichte,
Doch bleibt sie immer neu;
Und wem sie just passieret,
Dem bricht das Herz entzwei.

Auf Flügeln des Gesanges

Auf Flügeln des Gesanges,
Herzliebchen, trag ich dich fort,
Fort nach den Fluren des Ganges,
Dort weiß ich den schönsten Ort;

Dort liegt ein rotblühender Garten
Im stillen Mondenschein,
Die Lotosblumen erwarten
Ihr trautes Schwesterlein.

Die Veilchen kichern und kosen,
Und schaun nach den Sternen empor,
Heimlich erzählen die Rosen
Sich duftende Märchen ins Ohr.

Es hüpfen herbei und lauschen
Die frommen, klugen Gazelln,
Und in der Ferne rauschen
Des heilgen Stromes Welln.

Dort wollen wir niedersinken
Unter dem Palmenbaum,
Und Liebe und Ruhe trinken,
Und träumen seligen Traum.

Mörike

Ein Stündlein wohl vor Tag

Derweil[1] ich schlafend lag,
Ein Stündlein wohl vor Tag,
Sang vor dem Fenster auf dem Baum
Ein Schwälblein mir, ich hört es kaum,
Ein Stündlein wohl vor Tag:

„Hör an, was ich dir sag,
Dein Schätzlein ich verklag:
Derweil ich dieses singen tu,
Herzt er ein Lieb in guter Ruh,
Ein Stündlein wohl vor Tag."

O weh! nicht weiter sag!
O still! nichts hören mag!
Flieg ab! flieg ab von meinem Baum!
– Ach, Lieb und Treu ist wie ein Traum
Ein Stündlein wohl vor Tag.

¹ derweil – während

Lebe wohl

„Lebewohl!" – Du fühlest nicht,
Was es heißt, dies Wort der Schmerzen;
Mit getrostem Angesicht
Sagtest du's und leichtem Herzen.

Lebe wohl! – Ach, tausendmal
Hab ich mir es vorgesprochen,
Und in nimmersatter Qual
Mir das Herz damit gebrochen.

Das verlassene Mägdlein

Früh, wann die Hähne krähn,
Eh die Sternlein verschwinden,
Muß ich am Herde stehn,
Muß Feuer zünden.

Schön ist der Flammen Schein,
Es springen die Funken;
Ich schaue so drein,
In Leid versunken.

Plötzlich, da kommt es mir,
Treuloser Knabe,
Daß ich die Nacht von dir
Geträumet habe.

Träne auf Träne dann
Stürzet hernieder;
So kommt der Tag heran –
O ging er wieder!

83

Ritterliche Werbung[1]

Englisch

„Wo gehst du hin, du schönes Kind?" –
„Zu melken, Herr!" – sprach Gotelind.

„Wer ist dein Vater, du schönes Kind?" –
„Der Müller im Tal" – sprach Gotelind.

„Wie, wenn ich dich freite,[2] schönes Kind?" –
„Zu viel der Ehre!" – sprach Gotelind.

„Was hast du zur Mitgift,[3] schönes Kind?" –
„Herr, mein Gesicht" – sprach Gotelind.

„So kann ich dich nicht wohl frein, mein Kind." –
„Wer hats Euch geheißen?" – sprach Gotelind.

[1] die Werbung – courtship
[2] freien – to woo
[3] die Mitgift – dowry

Verborgenheit

Laß, o Welt, o laß mich sein!
Locket nicht mit Liebesgaben,
Laßt dies Herz alleine haben
Seine Wonne, seine Pein.

Was ich traure, weiß ich nicht,
Es ist unbekanntes Wehe;
Immerdar durch Tränen sehe
Ich der Sonne liebes Licht.

Oft bin ich mir kaum bewußt,
Und die helle Freude zücket
Durch die Schwere, so[1] mich drücket
Wonniglich in meiner Brust.

Laß, o Welt, o laß mich sein!
Locket nicht mit Liebesgaben,
Laßt dies Herz alleine haben
Seine Wonne, seine Pein!

[1] so – relative pronoun

Gebet

Herr! schicke, was du willt,
Ein Liebes oder Leides;
Ich bin vergnügt, daß beides
Aus deinen Händen quillt.

Wollest mit Freuden
Und wollest mit Leiden
Mich nicht überschütten!
Doch in der Mitten
Liegt holdes Bescheiden.[1]

[1] holdes Bescheiden – blessed moderation

Schikaneder

Sarastro

In diesen heil'gen Hallen
Kennt man die Rache nicht,
Und ist ein Mensch gefallen,
Führt Liebe ihn zur Pflicht.
Dann wandelt er an Freundes Hand
Vergnügt und froh ins bess're Land.

In diesen heil'gen Mauern.
Wo Mensch den Menschen liebt.
Kann kein Verräter lauern,
Weil man dem Feind vergibt.
Wen solche Lehren nicht erfreun,
Verdienet nicht, ein Mensch zu sein.

Papageno

Der Vogelfänger bin ich ja,
Stets lustig, heissa, hopsassa!
Ich Vogelfänger bin bekannt
Bei alt und jung im ganzen Land.
Weiß mit dem Locken umzugehn
Und mich aufs Pfeifen zu verstehn.
Drum kann ich froh und lustig sein,
Denn alle Vögel sind ja mein.

Der Vogelfänger bin ich ja,
Stets lustig, heissa, hopsassa!
Ich Vogelfänger bin bekannt
Bei alt und jung im ganzen Land.
Ein Netz für Mädchen möchte ich,
Ich fing sie dutzendweis für mich!
Dann sperrte ich sie bei mir ein,
Und alle Mädchen wären mein.

Wenn alle Mädchen wären mein,
So tauschte ich brav Zucker ein:
Die, welche mir am liebsten wär,
Der gäb ich gleich den Zucker her.
Und küßte sie mich zärtlich dann,
Wär sie mein Weib und ich ihr Mann.
Sie schlief an meiner Seite ein,
Ich wiegte wie ein Kind sie ein.

Frisch

Die Geschichte von Isidor

Ich werde ihr die kleine Geschichte von Isidor erzählen. Eine wahre
Geschichte! Isidor war Apotheker, ein gewissenhafter Mensch also,
der dabei nicht übel verdiente, Vater von etlichen Kindern und Mann
im besten Mannesalter, und es braucht nicht betont zu werden, daß
Isidor ein getreuer Ehemann war. Trotzdem vertrug er es nicht,
immer befragt zu werden, wo er gewesen wäre. Darüber konnte er

rasend werden, innerlich rasend, äußerlich ließ er sich nichts anmerken. Es lohnte keinen Streit, denn im Grunde, wie gesagt, war es eine glückliche Ehe. Eines schönen Sommers unternahmen sie, wie es damals gerade Mode war, eine Reise nach Mallorca, und abgesehen von ihrer steten Fragerei, die ihn im stillen ärgerte, ging alles in bester Ordnung. Isidor konnte ausgesprochen zärtlich sein, sobald er Ferien hatte. Das schöne Avignon entzückte sie beide; sie gingen Arm in Arm. Isidor und seine Frau, die man sich als eine sehr liebenswerte Frau vorzustellen hat, waren genau neun Jahre verheiratet, als sie in Marseille ankamen. Das Mittelmeer leuchtete wie auf einem Plakat. Zum stillen Ärger seiner Gattin, die bereits auf dem Mallorca-Dampfer stand, hatte Isidor noch im letzten Moment irgendeine Zeitung kaufen müssen. Ein wenig, mag sein, tat er es aus purem Trotz gegen ihre Fragerei, wohin er denn ginge. Weiß Gott, er hatte es nicht gewußt; er war einfach, da ihr Dampfer noch nicht fuhr, nach Männerart ein wenig geschlendert. Aus purem Trotz, wie gesagt, vertiefte er sich in eine französische Zeitung, und während seine Gattin tatsächlich nach dem malerischen Mallorca reiste, fand sich Isidor, als er endlich von einem dröhnenden Tuten erschreckt aus seiner Zeitung aufblickte, nicht an der Seite seiner Gattin, sondern auf einem ziemlich dreckigen Frachter,[1] der, übervoll beladen mit lauter Männern in gelber Uniform, ebenfalls unter Dampf stand. Und eben wurden die großen Taue gelöst. Isidor sah nur noch, wie die Mole sich entfernte. Ob es die hundsföttische[2] Hitze oder der Kinnhaken[3] eines französischen Sergeanten gewesen, was ihm kurz darauf das Bewußtsein nahm, kann ich nicht sagen; hingegen wage ich mit Bestimmtheit zu behaupten, daß Isidor, der Apotheker, in der Fremdenlegion ein härteres Leben hatte als zuvor. An Flucht war nicht zu denken. Das gelbe Fort, wo Isidor zum Mann erzogen wurde, stand einsam in der Wüste, deren Sonnenuntergänge er schätzen lernte. Gewiß dachte er zuweilen an seine Gattin, wenn er nicht einfach zu müde war, und hätte ihr wohl auch geschrieben; doch Schreiben war nicht gestattet. Frankreich kämpfte noch immer gegen den Verlust seiner Kolonien, so daß Isidor bald genug in der Welt herumkam, wie er sich nie hätte träumen lassen. Er vergaß seine Apotheke, versteht sich, wie andere ihre kriminelle Vergangenheit. Mit der Zeit verlor Isidor sogar das Heimweh nach dem Land, das seine Heimat zu sein den schriftlichen Anspruch stellte, und es war – viele Jahre später – eine pure Anständigkeit von Isidor, als er eines schönen Morgens durch das Gartentor trat, bärtig, hager wie er nun war, den Tropenhelm[3] unter dem Arm, damit die Nachbarn seines Eigenheims, die den Apotheker längstens zu den Toten rechneten, nicht in Aufregung gerieten über seine immerhin ungewohnte Tracht; selbstverständlich trug er auch einen Gürtel mit Revolver. Es war ein Sonntagmorgen, Geburtstag seiner Gattin, die er, wie schon erwähnt, liebte, auch wenn er in all den Jahren nie eine Karte geschrieben hatte. Einen Atemzug lang, das unveränderte Eigenheim vor Augen, die Hand noch an dem Gartentor, das ungeschmiert war und girrte wie je, zögerte er. Fünf Kinder, alle nicht ohne Ähnlichkeit mit ihm, aber alle um sieben Jahre gewachsen, so daß ihre Erscheinung ihn befremdete, schrien schon von weitem: Der Papi! Es gab kein Zurück. Und Isidor schritt weiter als Mann, der er in harten Kämpfen geworden war, und in der Hoffnung, daß seine liebe Gattin, sofern sie zu Hause war, ihn nicht zur Rede stellen würde. Er schlenderte den Rasen hinauf, als käme er wie gewöhnlich aus seiner Apotheke, nicht aber aus Afrika und Indochina. Die Gattin saß sprachlos unter einem neuen Sonnenschirm. Auch den köstlichen Morgenrock, den sie trug, hatte Isidor noch nie gesehen. Ein Dienstmädchen, ebenfalls eine Neuheit, holte sogleich eine weitere Tasse für den bärtigen Herrn, den sie ohne Zweifel, aber auch ohne Mißbilligung als den neuen Hausfreund betrachtete. Kühl sei es hierzulande, meinte Isidor, indem er sich die gekrempelten Hemdärmel wieder heruntermachte. Die Kinder waren selig, mit dem Tropenhelm spielen zu dürfen, was natürlich nicht ohne Zank ging, und als der frische Kaffee kam, war es eine vollendete Idylle, Sonntagmorgen mit Glockenläuten und Geburtstagstorte. Was wollte Isidor mehr!

Ohne jede Rücksicht auf das neue Dienstmädchen, das gerade noch das Besteck hinlegte, griff Isidor nach seiner Gattin. „Isidor!" sagte sie und war außerstande, den Kaffee einzugießen, so daß der bärtige Gast es selber machen mußte. „Was denn?" fragte er zärtlich, indem er auch ihre Tasse füllte. „Isidor!" sagte sie und war dem Weinen nahe. Er umarmte sie. „Isidor!" fragte sie, „wo bist du nur so lange gewesen?" Der Mann, einen Augenblick lang wie betäubt, setzte seine Tasse nieder; er war es einfach nicht mehr gewohnt, verheiratet zu sein, und stellte sich vor einen Rosenstock, die Hände in den Hosentaschen. „Warum hast du nie auch nur eine Karte geschrieben?" fragte sie. Darauf nahm er den verdutzten Kindern wortlos den Tropenhelm weg, setzte ihn mit dem knappen Schwung der Routine auf seinen eigenen Kopf, was den Kindern einen für die Dauer ihres Lebens unauslöschlichen Eindruck hinterlassen haben soll, Papi mit Tropenhelm und Revolvertasche, alles nicht bloß echt, sondern sichtlich vom Gebrauche etwas abgenutzt, und als die Gattin sagte: „Weißt du, Isidor, das hättest du wirklich nicht tun dürfen!" war es für Isidor genug der trauten Heimkehr, er zog (wieder mit dem knappen Schwung der Routine, denke ich) den Revolver aus dem Gurt, gab drei Schüsse mitten in die weiche, bisher noch unberührte und mit Zuckerschaum verzierte Torte, was, wie man sich wohl vorstellen kann, eine erhebliche Schweinerei verursachte. „Also Isidor!" schrie die Gattin, denn ihr Morgenrock war über und über von Schlagrahm verspritzt, ja, und wären nicht die unschuldigen Kinder als Augenzeugen gewesen, hätte sie jenen ganzen Besuch, der übrigens kaum zehn Minuten gedauert haben dürfte, für eine Halluzination gehalten. Von ihren fünf Kindern umringt, einer Niobe[5] ähnlich, sah sie nur noch, wie Isidor, der Unverantwortliche, mit gelassenen Schritten durch das Gartentor ging, den unmöglichen Tropenhelm auf dem Kopf. Nach jenem Schock konnte die arme Frau nie eine Torte sehen, ohne an Isidor denken zu müssen, ein Zustand, der sie erbarmenswürdig machte, und unter vier Augen, insgesamt etwa unter sechsunddreißig Augen riet man ihr zur Scheidung. Noch aber hoffte die tapfere Frau. Die Schuldfrage war ja wohl klar. Noch aber hoffte sie auf seine Reue, lebte ganz den fünf Kindern, die von Isidor stammten, und wies den jungen Rechtsanwalt, der sie nicht ohne persönliche Teilnahme besuchte und zur Scheidung drängte, ein weiteres Jahr lang ab, einer Penelope ähnlich. Und in der Tat, wieder war's ihr Geburtstag, kam Isidor nach einem Jahr zurück, setzte sich nach üblicher Begrüßung, krempelte die Hemdärmel herunter und gestattete den Kindern abermals, mit seinem Tropenhelm zu spielen, doch dieses Mal dauerte ihr Vergnügen, einen Papi zu haben, keine drei Minuten. „Isidor!" sagte die Gattin, „wo bist du denn jetzt wieder gewesen?" Er erhob sich, ohne zu schießen, Gott sei Dank, auch ohne den unschuldigen Kindern den Tropenhelm zu entreißen, nein, Isidor erhob sich nur, krempelte seine Hemdärmel wieder herauf und ging durchs Gartentor, um nie wiederzukommen. Die Scheidungsklage unterzeichnete die arme Gattin nicht ohne Tränen, aber es mußte ja wohl sein, zumal sich Isidor innerhalb der gesetzlichen Frist nicht gemeldet hatte, seine Apotheke wurde verkauft, die zweite Ehe in schlichter Zurückhaltung gelebt und nach Ablauf der gesetzlichen Frist auch durch das Standesamt genehmigt[6], kurzum, alles nahm den Lauf der Ordnung, was ja zumal für die heranwachsenden Kinder so wichtig war. Eine Antwort, wo Papi sich mit dem Rest seines Erdenlebens herumtrieb, kam nie. Nicht einmal eine Ansichtskarte. Mami wollte auch nicht, daß die Kinder danach fragten; sie hatte ja Papi selber nie danach fragen dürfen . . .

[1] der Frachter – cargo boat
[2] hundsföttisch – intolerable
[3] der Kinnhaken – upper cut
[4] der Tropenhelm – sun-helmet
[5] Niobe – inconsolable, bereaved woman
[6] durch das Standesamt genehmigt – sanctioned by the Registry Office

Tucholsky

Ehekrach

„Ja –!"
„Nein –!"
„Wer ist schuld?
      Du!"
„Himmeldonnerwetter, laß mich in Ruh!"
– „*Du* hast Tante Klara vorgeschlagen!
Du läßt dir von keinem Menschen was sagen!
Du hast immer solche Rosinen![1]
Du willst bloß, ich soll verdienen, verdienen –
Du hörst nie. Ich red dir gut zu . . .
Wer ist schuld –?
      Du."
„Nein."
„Ja."

– „*Wer* hat den Kindern das Rodeln verboten?
Wer schimpft den ganzen Tag nach Noten?
Wessen Hemden muß ich stopfen und plätten?[2]
Wem passen wieder nicht die Betten?
Wen muß man vorn und hinten bedienen?
Wer dreht sich um nach allen Blondinen?
                     Du –!"
„Nein."
„Ja."
„Wem ich das erzähle . . . !
            Ob mir das einer glaubt –!"
– „Und überhaupt –!"
         „Und überhaupt –!"
                „Und überhaupt –!"

Ihr meint kein Wort von dem, was ihr sagt:
Ihr wißt nicht, was euch beide plagt.
Was ist der Nagel jeder Ehe?
Zu langes Zusammensein und zu große Nähe.

Menschen sind einsam. Suchen den andern.
Prallen zurück, wollen weiter wandern ...
Bleiben schließlich ... Diese Resignation:
Das ist die Ehe. Wird sie euch monoton?
Zankt euch nicht und versöhnt euch nicht:
Zeigt euch ein Kameradschaftsgesicht
und macht das Gesicht für den bösen Streit
lieber, wenn ihr alleine seid.

Gebt Ruhe, ihr Guten! Haltet still.
Jahre binden, auch wenn man nicht will.
Das ist schwer: ein Leben zu zwein.
Nur eins ist noch schwerer: einsam sein.

¹ Rosinen haben – to have grand ideas
² plätten – to iron

Ein Ehepaar erzählt einen Witz

„Herr Panter, wir haben gestern einen so reizenden Witz gehört, den
müssen wir Ihnen ... also den *muß* ich Ihnen erzählen. Mein Mann
kannte ihn schon ... aber er ist zu reizend. Also passen Sie auf.
Ein Mann, Walter, streu nicht den Tabak auf den Teppich, da!
Streust ja den ganzen Tabak auf den Teppich, also ein Mann, nein,
ein Wanderer verirrt sich im Gebirge. Also der geht im Gebirge und
verirrt sich, in den Alpen. Was? In den Dolomiten, also nicht in den
Alpen, ist ja ganz egal. Also er geht da durch die Nacht, und da sieht
er ein Licht, und er geht grade auf das Licht zu ... laß mich doch
erzählen! das gehört dazu! ... geht drauf zu, und da ist eine Hütte,
da wohnen zwei Bauersleute drin. Ein Bauer und eine Bauersfrau.
Der Bauer ist alt, und sie ist jung und hübsch, ja, sie ist jung. Die
liegen schon im Bett. Nein, die liegen noch nicht im Bett ...“
„Meine Frau kann keine Witze erzählen. Laß mich mal. Du
kannst nachher sagen, obs richtig war. Also nun werde ich Ihnen das
mal erzählen.
Also, ein Mann wandert durch die Dolomiten und verirrt sich. Da
kommt er – du machst einen ganz verwirrt, so ist der Witz gar nicht.
Der Witz ist ganz anders. In den Dolomiten, so ist das! In den
Dolomiten wohnt ein alter Bauer mit seiner jungen Frau. Und die
haben gar nichts mehr zu essen; bis zum nächsten Markttag haben
sie bloß noch eine Konservenbüchse mit Rindfleisch. Und die sparen
sie sich auf. Und da kommt ... wieso? Das ist ganz richtig! Sei mal
still ..., da kommt in der Nacht ein Wandersmann, also da klopft es
an die Tür, da steht ein Mann, der hat sich verirrt, und der bittet um
Nachtquartier. Nun haben die aber gar kein Quartier, das heißt, sie

haben nur ein Bett, da schlafen sie zu zweit drin. Wie? Trude, das ist doch Unsinn . . . Das kann sehr nett sein!"

„Na, ich könnte das nicht. Immer da einen, der – im Schlaf strampelt[1] . . ., also ich könnte das nicht!"[1]

„Sollst du ja auch gar nicht. Unterbrich mich nicht immer."

„Du sagst doch, das wär nett. Ich finde das nicht nett."

„Also . . ."

„Walter! Die Asche! Kannst du denn nicht den Aschenbecher nehmen?"

„Also . . . der Wanderer steht da nun in der Hütte, er trieft vor Regen, und er möchte doch da schlafen. Und da sagt ihm der Bauer, er kann ja in dem Bett schlafen, mit der Frau."

„Nein, so war das nicht. Walter, du erzählst es ganz falsch! Dazwischen, zwischen ihm und der Frau – also der Wanderer in der Mitte!"

„Meinetwegen in der Mitte. Das ist doch ganz egal."

„Das ist gar nicht egal . . . der ganze Witz beruht ja darauf."

„Der Witz beruht doch nicht darauf, wo der Mann schläft!"

„Natürlich beruht er darauf! Wie soll denn Herr Panter den Witz so verstehen . . . laß mich mal – ich werd ihn mal erzählen! – Also der Mann schläft, verstehen Sie, zwischen dem alten Bauer und seiner Frau. Und draußen gewittert es. Laß mich doch mal!"

„Sie erzählt ihn ganz falsch. Es gewittert erst gar nicht, sondern die schlafen friedlich ein. Plötzlich wacht der Bauer auf und sagt zu seiner Frau – Trude, geh mal ans Telefon, es klingelt. – Nein, also das sagt er natürlich nicht . . . Der Bauer sagt zu seiner Frau . . . Wer ist da? Wer ist am Telefon? Sag ihm, er soll später noch mal anrufen – jetzt haben wir keine Zeit! Ja. Nein. Ja. Häng ab! Häng doch ab!"

„Hat er Ihnen den Witz schon zu Ende erzählt? Nein, noch nicht? Na, erzähl doch!"

„Da sagt der Bauer: Ich muß mal raus, nach den Ziegen sehn – mir ist so, als hätten die sich losgemacht, und dann haben wir morgen keine Milch! Ich will mal sehn, ob die Stalltür auch gut zugeschlossen ist."

„Walter, entschuldige, wenn ich unterbreche, aber Paul sagt, nachher kann er nicht anrufen, er ruft erst abends an."

„Gut, abends. Also der Bauer – nehmen Sie doch noch ein bißchen Kaffee! – Also der Bauer geht raus, und kaum ist er rausgegangen, da stupst[2] die junge Frau . . ."

„Ganz falsch. Total falsch. Doch nicht das erstemal! Er geht raus, aber sie stupst erst beim drittenmal – der Bauer geht nämlich dreimal raus – das fand ich so furchtbar komisch! Laß mich mal! Also der Bauer geht raus, nach der Ziege sehn, und die Ziege ist da; und er kommt wieder rein."

„Falsch. Er bleibt ganz lange draußen. Inzwischen sagt die junge Frau zu dem Wanderer –"

„Gar nichts sagt sie. Der Bauer kommt rein . . ."

„Erst kommt er nicht rein!"

„Also . . . der Bauer kommt rein, und wie er eine Weile schläft, da fährt er plötzlich aus dem Schlaf hoch und sagt: Ich muß doch noch mal nach der Ziege sehen – und geht wieder raus."

„Du hast ja ganz vergessen, zu erzählen, daß der Wanderer furchtbaren Hunger hat!"

„Ja. Der Wanderer hat vorner beim Abendbrot gesagt, er hat so furchtbaren Hunger, und da haben die gesagt, ein bißchen Käse wäre noch da . . ."

„Und Milch!"

„Und Milch, und es wär auch noch etwas Fleischkonserve da, aber die könnten sie ihm nicht geben, weil die eben bis zum nächsten Markttag reichen muß. Und dann sind sie zu Bett gegangen."

„Und wie nun der Bauer draußen ist, da stupst sie den, also da stupst die Frau den Wanderer in die Seite und sagt: Na . . ."

„Keine Spur! Aber keine Spur! Walter, das ist doch falsch! Sie sagt doch nicht: Na . . .!"

„Natürlich sagt sie: Na . . .! Was soll sie denn sagen?"

„Sie sagt: Jetzt wäre so eine Gelegenheit . . ."

„Sie sagt ihm Gegenteil: Na . . . und stupst den Wandersmann in die Seite . . ."

„Du verdirbst aber wirklich jeden Witz, Walter!"

„Das ist großartig! Ich verderbe jeden Witz? *Du* verdirbst jeden Witz – ich verderbe doch nicht jeden Witz! Da sagt die Frau . . ."

„Jetzt laß *mich* mal den Witz erzählen! Du verkorkst[3] ja die Pointe . . .!"

„Also jetzt mach mich nicht böse, Trude! Wenn ich einen Witz anfange, will ich ihn auch zu Ende erzählen . . ."

„Du hast ihn ja gar nicht angefangen . . . *ich* habe ihn angefangen!" – „Das ist ganz egal – jedenfalls will ich die Geschichte zu Ende erzählen; denn du kannst keine Geschichten erzählen, wenigstens nicht richtig!" – „Und ich erzähle eben meine Geschichten nach meiner Art und nicht nach deiner, und wenn es dir nicht paßt, dann mußt du eben nicht zuhören . . .!" – „Ich will auch gar nicht zuhören . . . ich will sie zu Ende erzählen – und zwar so, daß Herr Panter einen Genuß von der Geschichte hat!" – „Wenn du vielleicht glaubst, daß es ein Genuß ist, dir zuzuhören . . ." – „Trude!" – „Nun sagen Sie, Herr Panter – ist das auszuhalten! Und so nervös ist er schon die ganze Woche . . . ich habe . . ." – „Du bist . . ." – „Deine Unbeherrschtheit . . ." – „Gleich wird sie sagen: Komplexe! Deine Mutter nennt das einfach schlechte Erziehung . . ." – „Meine Kinderstube . . .!" – „Wer hat denn die Sache beim Rechtsanwalt rückgängig gemacht? Wer denn? Ich vielleicht? Du! Du hast gebeten, daß die Scheidung nicht . . ." – „Lüge!" – Bumm:

93

Türgeknall rechts. Bumm: Türgeknall links.
Jetzt sitze ich da mit dem halben Witz.
Was hat der Mann zu der jungen Bauersfrau gesagt?

¹ strampeln – to kick   ² stupsen – to nudge   ³ verkorken – to spoil

Liebesbrief eines Geschäftsmannes

Geheim! Tagebuch-Nr. 69/218.

Hierorts, den heutigen

1. Meine Neigung zu Dir ist unverändert.

2. Du stehst heute abend, 7½ Uhr, am zweiten Ausgang des Zoologischen Gartens, wie gehabt.

3. Anzug: Grünes Kleid, grüner Hut, braune Schuhe. Die Mitnahme eines Regenschirms empfiehlt sich.

4. Abendessen im Gambrinus, 8.10 Uhr.

5. Es wird nachher in meiner Wohnung voraussichtlich zu Zärtlichkeiten kommen.

(gez.) Bosch,
Oberbuchhalter.

Wo kommen die Löcher im Käse her –?

Wenn abends wirklich einmal Gesellschaft ist, bekommen die Kinder vorher zu essen. Kinder brauchen nicht alles zu hören, was Erwachsene sprechen, und es schickt sich auch nicht, und billiger ist es auch. Es gibt belegte Brote; Mama nascht ein bißchen mit, Papa ist noch nicht da.

„Mama, Sonja hat gesagt, sie kann schon rauchen – sie kann doch noch gar nicht rauchen!" – „Du sollst bei Tisch nicht reden." – „Mama, guck mal die Löcher in dem Käse!" – Zwei Kinderstimmen, gleichzeitig: „Tobby ist aber dumm! Im Käse sind doch immer Löcher!" Eine weinerliche Jungenstimme: *Na ja – aber warum?* Mama! *Wo kommen die Löcher im Käse her?"* – „Du sollst bei Tisch nicht reden!" – „Ich möcht aber doch wissen, wo die Löcher im Käse herkommen!" —— Pause. Mama: „Die Löcher . . . also ein Käse hat immer Löcher, da haben die Mädchen ganz recht! . . . ein Käse hat eben immer Löcher." – „Mama! Aber dieser Käse hat doch keine

Löcher! Warum hat der keine Löcher? Warum hat der Löcher?" –
„Jetzt schweig und iß. Ich hab dir schon hundertmal gesagt, du sollst
bei Tisch nicht reden! Iß!" – „Bwww –! Ich möcht aber wissen, wo
die Löcher im Käse ... aua, schubs doch nicht immer[1] ...!"
Geschrei. Eintritt Papa.
„Was ist denn hier los? Gun Ahmt!" – „Ach, der Junge ist wieder
ungezogen!" – „Ich bin gah nich ungezogen! Ich will nur wissen, wo
die Löcher im Käse herkommen. Der Käse da hat Löcher, und der
hat keine –!" Papa: „Na, deswegen brauchst du doch nicht so zu
brüllen! Mama wird dir das erklären!" – Mama: „Jetzt gib du dem
Jungen noch recht! Bei Tisch hat er zu essen und nicht zu reden!" –
Papa: „Wenn ein Kind was fragt, kann man ihm das schließlich
erklären! Finde ich." – Mama: „Toujours en présence des enfants!
Wenn ich es für richtig finde, ihm das zu erklären, werde ich ihm das
schon erklären. Nu iß!" – „Papa, wo doch aber die Löcher im Käse
herkommen, möcht ich doch aber wissen!" – Papa: „Also, die Löcher
im Käse, das ist bei der Fabrikation; Käse macht man aus Butter und
aus Milch, da wird er gegoren, und da wird er feucht; in der Schweiz
machen sie das sehr schön – wenn du groß bist, darfst du auch mal
mit in die Schweiz, da sind so hohe Berge, da liegt ewiger Schnee
darauf – das ist schön, was?" – „Ja. Aber Papa, wo kommen denn die
Löcher im Käse her?" – „Ich habs dir doch eben erklärt: die
kommen, wenn man ihn herstellt, wenn man ihn macht." – „Ja, aber
... wie kommen denn die da rein, die Löcher?" – „Junge, jetzt löcher
mich nicht mit deinen Löchern und geh zu Bett! Marsch! Es ist
spät!" – „Nein! Papa! Noch nicht! Erklär mit doch erst, wie die
Löcher im Käse ..." Bumm. Katzenkopf. Ungeheuerliches Gebrüll.
Klingel.
Onkel Adolf. „Guten Abend! Guten Abend, Margot – 'n Ahmt –
na, wie gehts? Was machen die Kinder? Tobby, was schreist du denn
so?" – „Ich will wissen ..." – „Sei still ...!" – „Er will wissen ..."
– „Also jetzt bring den Jungen ins Bett und laß mich mit den
Dummheiten in Ruhe! Komm, Adolf, wir gehen solange ins
Herrenzimmer; hier wird gedeckt!" – Onkel Adolf: „Gute Nacht!
Gute Nacht! Alter Schreihals! Nu hör doch bloß mal ...! Was hat er
denn?" – „Margot wird mit ihm nicht fertig – er will wissen, wo die
Löcher im Käse herkommen, und sie hats ihm nicht erklärt." –
„Hast dus ihm denn erklärt?" – „Natürlich hab ichs ihm erklärt" –
„Danke, ich rauch jetzt nicht – sage mal, weißt *du* denn, wo die
Löcher herkommen?" – „Na, das ist aber eine komische Frage!
Natürlich weiß ich, wo die Löcher im Käse herkommen! Die
entstehen bei der Fabrikation durch die Feuchtigkeit ... das ist doch
ganz einfach!" – „Na, mein Lieber ... da hast du dem Jungen aber
ein schönes Zeugs erklärt![2] Das ist doch überhaupt keine
Erklärung!" – „Na, nimm mirs nicht übel – du bist aber komisch!
Kannst du mir denn erklären, wo die Löcher im Käse herkommen?"

– „Gott sei Dank kann ich das." – „Also bitte."
„Also, die Löcher im Käse entstehen durch das sogenannte Kaseïn, was in dem Käse drin ist." – „Das ist doch Quatsch." – „Das ist kein Quatsch." – „Das ist wohl Quatsch; denn mit dem Kaseïn hat das überhaupt nichts zu . . . gun Ahmt, Martha, gun Ahmt, Oskar . . . bitte, nehmt Platz. Wie gehts? . . . überhaupt nichts zu tun!"
„Was streitet ihr euch denn da rum?" – Papa: „Nu bitt ich dich um alles in der Welt; Oskar! du hast doch studiert und bist Rechtsanwalt: haben die Löcher im Käse irgend etwas mit Kaseïn zu tun?" – Oskar: „Nein. Die Käse im Löcher . . . ich wollte sagen: die Löcher im Käse rühren daher . . . also die kommen daher, daß sich der Käse durch die Wärme bei der Gärung[3] zu schnell ausdehnt!" Hohngelächter der plötzlich verbündeten reisigen[4] Helden Papa und Onkel Adolf. „Haha! Hahaha! Na, das ist eine ulkige Erklärung! Der Käse dehnt sich aus! Hast du das gehört? Haha . . .!
Eintritt Onkel Siegismund, Tante Jenny, Dr Guggenheimer und Direktor Flackeland. Großes „Guten Abend! Guten Abend! – . . . gehts? . . . unterhalten uns gerade . . . sogar riesig komisch . . . ausgerechnet Löcher im Käse! . . . es wird gleich gegessen . . . also bitte, dann erkläre du –!"
Onkel Siegismund: „Also – die Löcher im Käse kommen daher, daß sich der Käse bei der Gärung vor Kälte zusammenzieht!" Anschwellendes Rhabarber,[5] Rumor, dann großer Ausbruch mit voll besetztem Orchester: „Haha! Vor Kälte! Hast du schon mal kalten Käse gegessen? Gut, daß Sie keinen Käse machen, Herr Apolant![6] Vor Kälte! Hähä!" – Onkel Siegismund beleidigt ab in die Ecke.
Dr Guggenheimer: „Bevor man diese Frage entscheiden kann, müssen Sie mir erst mal sagen, um welchen Käse es sich überhaupt handelt. Das kommt nämlich auf den Käse an!" Mama: „Um Emmentaler! Wir haben ihn gestern gekauft . . . Martha, ich kauf jetzt immer bei Danzel, mit Mischewski bin ich nicht mehr so zufrieden, er hat uns neulich Rosinen nach oben geschickt, die waren ganz . . ." Dr Guggenheimer: „Also, wenn es Emmentaler war, dann ist die Sache ganz einfach. Emmentaler hat Löcher, weil er ein Hartkäse ist. Alle Hartkäse haben Löcher."
Direktor Flackeland: „Meine Herren, da muß wohl wieder mal ein Mann des praktischen Lebens kommen . . . die Herren sind ja größtenteils Akademiker . . ." (Niemand widerspricht.) „Also, die Löcher im Käse sind Zerfallsprodukte,[7] beim Gärungsprozeß. Ja. Der . . . der Käse zerfällt, eben . . . weil der Käse . . ." Alle Daumen sind nach unten gerichtet, das Volk steht auf, der Sturm bricht los. „Pö! Das weiß ich auch! Mit chemischen Formeln ist die Sache nicht gemacht!" Eine hohe Stimme: „Habt ihr denn kein Lexikon –?"
Sturm auf die Bibliothek. Heyse, Schiller, Goethe, Bölsche, Thomas Mann, ein altes Poesiealbum – wo ist denn . . . richtig!

Kanzel, Kapital, Kapitalertragssteuer, Karbatsche, Kartätsche, Karwoche, Käse –! „Laß mich mal! Geh mal weg! Pardon! Also: ‚Die blasige Beschaffenheit mancher Käsesorten rührt her von einer Kohlensäureentwicklung[8] aus dem Zucker der eingeschlossenen Molke.[9]‘" Alle, unisono: „Hast es. Was hab ich gesagt?" ...„ ‚eingeschlossenen Molke und ist ...‘ wo geht denn das weiter? Margot, hast du hier eine Seite aus dem Lexikon rausgeschnitten? Na, das ist doch unerhört – wer war hier am Bücherschrank? Sind die Kinder ...? Warum schließt du denn den Bücherschrank nicht ab?" – „Warum schließt du den Bücherschrank nicht ab ist gut – hundertmal hab ich dir gesagt, schließ du ihn ab –" – „Nu laßt doch mal: also wie war das? Ihre Erklärung war falsch. Meine Erklärung war richtig." – „Sie haben gesagt, der Käse kühlt sich ab!" – „*Sie* haben gesagt, der Käse kühlt sich ab – ich hab gesagt, daß sich der Käse erhitzt!" – „Na also, dann haben Sie doch nichts von der kohlensauren Zuckermolke gesagt, wie da drinsteht!" – „Was du gesagt hast, war überhaupt Blödsinn!" – „Was verstehst du von Käse? Du kannst ja nicht mal Bolles Ziegenkäse von einem alten Holländer unterscheiden!" – „Ich hab vielleicht mehr alten Holländer in meinem Leben gegessen wie du!" – „Spuck nicht, wenn du mit mir sprichst!" Nun reden alle mit einemmal.

Man hört:

– „Betrag dich gefälligst anständig, wenn du bei mir zu Gast bist ...!" – „saurige Beschaffenheit der Muckerzolke[10] ..." – „mir überhaupt keine Vorschriften zu machen!" ... „Bei Schweizer Käse – ja! Bei Emmentaler Käse – mein! ..." – „ Du bist hier nicht bei dir zu Hause! hier sind anständige Leute ..." – „Wo denn –?" – „Das nimmst du zurück! Das nimmst du sofort zurück! Ich lasse nicht in meinem Hause meine Gäste beleidigen – ich lasse in meinem Hause meine Gäste nicht beleidigen! Du gehst mir sofort aus dem Haus!" – „Ich bin froh, wenn ich raus bin – deinen Fraß brauche ich nicht!" – „Du betrittst mir nicht mehr meine Schwelle!" – „Meine Herren, aber das ist doch ...!" – „Sie halten überhaupt den Mund – Sie gehören nicht zur Familie! ..." – „Na, das *hab* ich noch nicht gefrühstückt!" – „Ich als Kaufmann ...!" – „Nu hören Sie doch mal zu: Wir hatten im Kriege einen Käse –" – „Das war keine Versöhnung! Es ist mir ganz egal, und wenn du platzt: Ihr habt uns betrogen, und wenn ich mal sterbe, betrittst du nicht mein Haus!" – „Erbschleicher!" – „Hast du das –!" – „Und ich sag es ganz laut, damit es alle hören: Erbschleicher! So! Und nu geh hin und verklag mich!" – „Lümmel! Ein ganz fauler Lümmel, kein Wunder bei dem Vater!" – „Und deine? Wer ist denn deine? Wo hast du denn deine Frau her?" – „Raus! Lümmel!" – „ Wo ist mein Hut? In so einem Hause muß man ja auf seine Sachen aufpassen!" – „Das wird noch

ein juristisches Nachspiel haben! Lümmel! . . ." – „Sie mir auch –!"
In der Türöffnung erscheint Emma, aus Gumbinnen, und spricht:
„Jnädje Frau, es is anjerichtet –!"

4 Privatbeleidigungsklagen.[12] 2 umgestoßene Testamente.[13] 1 auf-
gelöster Soziusvertrag.[14] 3 gekündigte Hypotheken.[15] 3 Klagen um
bewegliche Vermögensobjekte:[16] ein gemeinsames Theaterabonne-
ment, einen Schaukelstuhl, ein elektrisch heizbares Bidet. 1
Räumungsklage des Wirts.[17]
Auf dem Schauplatz bleiben zurück ein trauriger Emmentaler und
ein kleiner Junge, der die dicken Arme zum Himmel hebt und, den
Kosmos anklagend, weithinhallend ruft:
„Mama! Wo kommen die Löcher im Käse her –?"

[1] aua, schubs doch nicht immer – ouch, don't keep pushing
[2] ein schönes Zeugs erklären – a fine explanation
[3] die Gärung – fermentation
[4] reisig – mounted, ready for the fray
[5] der Rhabarber – rhubarb
[6] Herr Apolant – Mr Lawyer
[7] der Zerfallsprodukt – product of decomposition
[8] die Kohlensäure – carbon dioxide
[9] die Molke – whey
[10] die Muckerzolke – comic distortion of 'Zuckermolke' (sugared whey)
[11] der Erbschleicher – legacy hunter
[12] Privatbeleidigungsklagen – libel actions
[13] umgestoßen – revoked
[14] der Soziusvertrag – business partnership
[15] gekündigte Hypotheken – mortgages foreclosed
[16] bewegliche Vermögensobjekte – goods and chattels
[17] die Räumungsklage – action for eviction

Sprichwort

Es ist kein' Eh ohne ein Weh

Außenseiter

Since Goethe's *Die Leiden des jungen Werthers* was published in 1774, the outsider has been a familiar figure in German literature. The story of Werther, a young, hypersensitive and passionate man who feels alienated from the world around him, and whose despair leads to suicide, conquered the reading public of all Europe in the 1770s. Though Goethe himself must have suffered loneliness – especially at Weimar – his poems are predominantly life-affirming. The three Harper's songs, however, which appear in his novel *Wilhelm Meisters Lehrjahre*, strike the loneliest note in all his poetry. Incest is the Harper's crime, and he refers to it in the line 'Denn alle Schuld rächt sich auf Erden'. In the third poem he pictures himself abandoned by society, begging outside the doors of respectable homes.

Hölderlin was a contemporary of Goethe, and wished originally to become a minister in the church. He had unorthodox ideas on religion, however, and preferred to lead the life of a private tutor. In much of his work he stresses that man should aspire to "completeness", that he should develop all his faculties. In this way society could be regenerated and men could live harmoniously with one another. But man, he soon saw, was incapable of fulfilling his vision; Hölderlin realized that he lived in a godless age, and it is this dichotomy between ideal vision and sad reality that provides the tension in so much of his poetry. He felt misunderstood by his contemporaries:

> Ich verstand die Stille des Äthers,
> Der Menschen Worte verstand ich nie
> *(Da ich ein Knabe war)*

and a terrifying loneliness soon began to devour him. He developed schizophrenia and was admitted to the Tübingen lunatic asylum in 1806. In the following year he was entrusted to the care of a Tübingen carpenter, and spent the remaining thirty-six years of his life in the carpenter's old tower on the banks of the Neckar. Hölderlin's evocation of alienation in *Hälfte des Lebens* is managed with remarkable economy. The beautiful images of the opening stanza – the pears, roses, and swans – are described in flowing verse which contrasts with the ugly, staccato terror of the second stanza, where commas break the flow and nouns are shorn of all their adjectives.

Hölderlin, unlike Schmidt von Lübeck in *Der Wanderer*, does not parade his alienation. He allows the contrast to speak for itself. The first two stanzas of Hölderlin's *Hyperions Schicksalslied* are also in stark contrast to the last, and the poem's shape on the page visually reproduces the headlong descent of suffering mortals into the abyss. I have an unpublished letter from Dr Jung to a correspondent, Grant Watson, which ends with these sad lines:

> My richly celebrated eighty-fifth birthday has left me a wreck and this miserable summer we enjoy, does not exactly support one's optimism, not to speak of the political situation of the world which reminds me of the tower of Babel and its fate. I think of the German poet Hölderlin, one of Goethe's contemporaries.

Jung then quotes the last stanza. The letter is dated 8 August 1960.

Eichendorff, born eighteen years after Hölderlin, suffered little in comparison. His two poems included here reveal the fundamental experiences that underlie much of his work: loneliness, tempered by a love of landscape and a religious faith that strengthened as he aged.

Der Leiermann by Wilhelm Müller is the final poem of what is often considered the greatest of all song-cycles: Schubert's *Winterreise*. The poems describe the journey of a jilted lover through a wintry landscape. The bleak mood is relieved only by flashes of retrospective happiness (see *Frühlingstraum*, p. 123) and an occasional grimly humorous self-mockery. Schubert, when he wrote these marvellous songs, lay dying. He sent his friend, Franz Lachner, with the first half-dozen or so songs to his publishers, with the plea that he might be given an advance to pay for food and medicine. Lachner wrote: 'Der Verleger übersah die Situation und zahlte – einen Gulden für jedes Lied'. The previous year Schubert had confided to another friend: 'Ich werde wohl im Alter wie Goethes Harfner an die Türen schleichen und um Brot betteln müssen'. (See *An die Türen will ich schleichen*, p. 106.) He was wrong. He died the next year, aged 31.

With Franz Kafka the word 'outsider' acquires different dimensions. He was born into a Jewish community in Prague. His stories deal metaphorically with the plight of the Jews, the artist, and the sexual, spiritual and emotional needs of the solitary, inadequate individual. All his pieces in this section illustrate a paradox that is central to his art: the nightmare is narrated with extraordinary sobriety.

Much nonsense has been written about Kafka, particularly by those critics who impose too precise an interpretation on his work. In fact good Kafka criticism is so hard to come by that it is worth quoting an excellent short description by Günter Anders of Kafka's basic predicament:

1. A man feels himself excluded from the world (or from this or that social or ethnic group).
2. Thus he does not know where his obligations lie.
3. This ignorance gives rise to a bad conscience.
4. So that he does not feel he has any rights either.
5. Since he has no rights, he is in the wrong.
6. Being in the wrong intensifies his moral anguish.
7. (or 1.) His moral anguish places him outside the world.

Kafka

Der Geier

Es war ein Geier,[1] der hackte in meine Füße. Stiefel und Strümpfe hatte er schon aufgerissen, nun hackte er schon in die Füße selbst. Immer schlug er zu, flog dann unruhig mehrmals um mich und setzte dann die Arbeit fort. Es kam ein Herr vorüber, sah ein Weilchen zu und fragte dann, warum ich den Geier dulde. „Ich bin ja wehrlos", sagte ich, „er kam und fing zu hacken an, da wollte ich ihn natürlich wegtreiben, versuchte ihn sogar zu würgen,[2] aber ein solches Tier hat große Kräfte, auch wollte er mir schon ins Gesicht springen, da opferte ich lieber die Füße. Nun sind sie schon fast zerrissen." „Daß Sie sich so quälen lassen", sagte der Herr, „ein Schuß und der Geier ist erledigt." „Ist das so?" fragte ich, „und wollen Sie das besorgen?" „Gern", sagte der Herr, „ich muß nur nach Hause gehn und mein Gewehr holen. Können Sie noch eine halbe Stunde warten?" „Das weiß ich nicht", sagte ich und stand eine Weile starr vor Schmerz, dann sagte ich: „Bitte, versuchen Sie es für jeden Fall." „Gut", sagte der Herr, „ich werde mich beeilen." Der Geier hatte während des Gespräches ruhig zugehört und die Blicke zwischen mir und dem Herrn wandern lassen. Jetzt sah ich, daß er alles verstanden hatte, er flog auf, weit beugte er sich zurück, um genug Schwung zu bekommen und stieß dann wie ein Speerwerfer[3] den Schnabel durch meinen Mund tief in mich. Zurückfallend fühlte ich befreit, wie er in meinem alle Tiefen füllenden, alle Ufer überfließenden Blut unrettbar ertrank.

[1] der Geier – vulture, hawk
[2] würgen – to throttle, strangle
[3] der Speerwerfer – javelin thrower

Kleine Fabel

„Ach", sagte die Maus, „die Welt wird enger mit jedem Tag. Zuerst war sie so breit, daß ich Angst hatte, ich lief weiter und war glücklich, daß ich endlich rechts und links in der Ferne Mauern sah, aber diese langen Mauern eilen so schnell aufeinander zu, daß ich schon im letzten Zimmer bin, und dort im Winkel steht die Falle, in die ich laufe." –
„Du mußt nur die Laufrichtung ändern", sagte die Katze und fraß sie.

Vor dem Gesetz

Vor dem Gesetz steht ein Türhüter. Zu diesem Türhüter kommt ein Mann vom Lande und bittet um Einlaß in das Gesetz. Aber der Türhüter sagt, daß er ihm jetzt den Eintritt nicht gewähren könne. Der Mann überlegt und fragt dann, ob er also später werde eintreten dürfen. „Es ist möglich", sagt der Türhüter, „jetzt aber nicht". Da das Tor zum Gesetz offensteht wie immer und der Türhüter beiseite tritt, bückt sich der Mann, um durch das Tor in das Innere zu sehn. Als der Türhüter das merkt, lacht er und sagt: „Wenn es dich lockt, versuche es doch, trotz meines Verbotes hineinzugehn. Merke aber: Ich bin mächtig. Und ich bin nur der unterste Türhüter. Von Saal zu Saal stehn aber Türhüter, einer mächtiger als der andere. Schon den Anblick des dritten kann nicht einmal ich mehr ertragen." Solche Schwierigkeiten hat der Mann vom Lande nicht erwartet; das Gesetz soll doch jedem und immer zugänglich sein, denkt er, aber als er jetzt den Türhüter in seinem Pelzmantel genauer ansieht, seine große Spitznase, den langen, dünnen, schwarzen tatarischen Bart, entschließt er sich, doch lieber zu warten, bis er die Erlaubnis zum Eintritt bekommt. Der Türhüter gibt ihm einen Schemel und läßt ihn seitwärts von der Tür niedersitzen. Dort sitzt er Tage und Jahre. Er macht viele Versuche, eingelassen zu werden, und ermüdet den Türhüter durch seine Bitten. Der Türhüter stellt öfters kleine Verhöre mit ihm an, fragt ihn über seine Heimat aus und nach vielem andern, es sind aber teilnahmslose Fragen, wie sie große Herrn stellen, und zum Schlusse sagt er ihm immer wieder, daß er ihn noch nicht einlassen könne. Der Mann, der sich für seine Reise mit vielem ausgerüstet hat, verwendet alles, und sei es noch so wertvoll, um den Türhüter zu bestechen. Dieser nimmt zwar alles an, aber sagt dabei: „Ich nehme es nur an, damit du nicht glaubst, etwas versäumt zu haben". Während der vielen Jahre beobachtet der Mann den Türhüter fast ununterbrochen. Er vergißt die andern Türhüter, und dieser erste scheint ihm das einzige Hindernis für den Eintritt in das Gesetz. Er verflucht den unglücklichen Zufall, in den ersten Jahren rücksichtslos und laut, später, als er alt wird, brummt er nur noch vor sich hin. Er wird kindisch, und da er in dem jahrelangen Studium des Türhüters auch die Flöhe in seinem Pelzkragen erkannt hat, bittet er auch die Flöhe, ihm zu helfen und den Türhüter umzustimmen. Schließlich wird sein Augenlicht schwach, und er weiß nicht, ob es um ihn wirklich dunkler wird, oder ob ihn nur seine Augen täuschen. Wohl aber erkennt er jetzt im Dunkel einen Glanz, der unverlöschlich aus der Türe des Gesetzes bricht. Nun lebt er nicht mehr lange. Vor seinem Tode sammeln sich in seinem Kopfe alle Erfahrungen der ganzen Zeit zu einer Frage, die er bisher an den Türhüter noch nicht gestellt hat. Er winkt ihm zu, da er seinen erstarrenden Körper nicht mehr aufrichten kann. Der Türhüter muß sich tief zu ihm hinunterneigen, denn der Größenunterschied hat sich sehr zu ungunsten des Mannes verändert. „Was willst du denn jetzt noch wissen?" fragt der Türhüter, „du bist unersättlich". „Alle streben doch nach dem Gesetz", sagt der Mann, „wieso kommt es, daß in den vielen Jahren niemand außer mir Einlaß verlangt hat?" Der Türhüter erkennt, daß der Mann schon an seinem Ende ist, und, um sein vergehendes Gehör noch zu erreichen, brüllt er ihn an: „Hier konnte niemand sonst Einlaß erhalten, denn dieser Eingang war nur für dich bestimmt. Ich gehe jetzt und schließe ihn."

Gib's auf

Es war sehr früh am Morgen, die Straßen rein und leer, ich ging zum Bahnhof. Als ich eine Turmuhr mit meiner Uhr verglich, sah ich, daß es schon viel später war, als ich geglaubt hatte, ich mußte mich sehr beeilen, der Schrecken über diese Entdeckung ließ mich im Weg unsicher werden, ich kannte mich in dieser Stadt noch nicht sehr gut aus, glücklicherweise war ein Schutzmann in der Nähe, ich lief zu ihm und fragte ihn atemlos nach dem Weg. Er lächelte und sagte: „Von mir willst du den Weg erfahren?" „Ja", sagte ich, „da ich ihn selbst nicht finden kann". „Gib's auf, gib's auf", sagte er und wandte sich mit einem großen Schwunge ab, so wie Leute, die mit ihrem Lachen allein sein wollen.

Nietzsche

I. Vereinsamt

Die Krähen schrein
und ziehen schwirren Flugs zur Stadt:
bald wird es schnein, –
wohl dem, der jetzt noch – Heimat hat!

Nun stehst du starr,
schaust rückwärts, ach! wie lange schon!
Was bist du Narr
vor Winters in die Welt entflohn?

Die Welt – ein Tor
zu tausend Wüsten stumm und kalt!
Wer das verlor,
was du verlorst, macht nirgends halt.

Nun stehst du bleich,
zur Winter-Wanderschaft verflucht,
dem Rauche gleich,
der stets nach kältern Himmeln sucht.

Flieg, Vogel, schnarr
dein Lied im Wüstenvogel-Ton! –
Versteck, du Narr,
dein blutend Herz in Eis und Hohn!

Die Krähen schrein
und ziehen schwirren Flugs zur Stadt:
bald wird es schnein, –
weh dem, der keine Heimat hat!

2. Antwort

Daß Gott erbarm!
Der meint, ich sehnte mich zurück
ins deutsche Warm,
ins dumpfe deutsche Stuben-Glück!

Goethe

Gesänge des Harfners

I
Wer sich der Einsamkeit ergibt,
Ach! der ist bald allein;
Ein jeder lebt, ein jeder liebt
Und läßt ihn seiner Pein.

Ja! laßt mich meiner Qual!
Und kann ich nur einmal
Recht einsam sein,
Dann bin ich nicht allein.

Es schleicht ein Liebender lauschend
   sacht,
Ob seine Freundin allein?
So überschleicht bei Tag und Nacht
Mich Einsamen die Pein,
Mich Einsamen die Qual.
Ach, werd ich erst einmal
Einsam im Grabe sein,
Da läßt sie mich allein!

II
Wer nie sein Brot mit Tränen aß,
Wer nie die kummervollen Nächte
Auf seinem Bette weinend saß,
Der kennt euch nicht, ihr himmlischen
   Mächte.

Ihr führt ins Leben uns hinein,
Ihr laßt den Armen schuldig werden,
Dann überlaßt ihr ihn der Pein:
Denn alle Schuld rächt sich auf Erden.

III
An die Türen will ich schleichen,
Still und sittsam will ich stehn,
Fromme Hand wird Nahrung reichen,
Und ich werde weitergehn.
Jeder wird sich glücklich scheinen,
Wenn mein Bild vor ihm erscheint,
Eine Träne wird er weinen,
Und ich weiß nicht, was er weint.

Hesse

Im Nebel

Seltsam, im Nebel zu wandern!
Einsam ist jeder Busch und Stein,
kein Baum sieht den andern,
jeder ist allein.

Voll von Freunden war mir die Welt,
als noch mein Leben licht war;
nun, da der Nebel fällt,
ist keiner mehr sichtbar.

Wahrlich, keiner ist weise,
der nicht das Dunkel kennt,
das unentrinnbar und leise
von allen ihn trennt.

Seltsam, im Nebel zu wandern!
Leben ist Einsamsein.
Kein Mensch kennt den andern,
jeder ist allein.

Müller

Der Leiermann

Drüben hinterm Dorfe
Steht ein Leiermann,[1]
Und mit starren Fingern
Dreht er, was er kann.

Barfuß auf dem Eise
Wankt er hin und her,
Und sein kleiner Teller
Bleibt ihm immer leer.

Keiner mag ihn hören,
Keiner sieht ihn an,
Und die Hunde knurren
Um den alten Mann.

Und er läßt es gehen,
Alles wie es will,
Dreht, und seine Leier
Steht ihm nimmer still.

Wunderlicher Alter!
Soll ich mit dir gehn?
Willst zu meinen Liedern
Deine Leier drehn?

[1] der Leiermann – organ-grinder

Schmidt von Lübeck

Der Wanderer

Ich komme vom Gebirge her,
Es dampft das Tal, es braust das Meer.
Ich wandle still, bin wenig froh,
Und immer fragt der Seufzer: wo?
Immer wo?

Die Sonne dünkt[1] mich hier so kalt,
Die Blüte welk, das Leben alt,
Und was sie reden, leerer Schall,
Ich bin ein Fremdling überall.

Wo bist du, mein geliebtes Land?
Gesucht, geahnt und nie gekannt!
Das Land, das Land, so hoffnungsgrün,
Das Land, wo meine Rosen blühn,

Wo meine Freunde wandeln gehn,
Wo meine Toten auferstehn,
Das Land, das meine Sprache spricht,
O Land, wo bist du?

Ich wandle still, bin wenig froh,
Und immer fragt der Seufzer: wo?
Immer wo?
Im Geisterhauch[2] tönt's mir zurück:
„Dort, wo du nicht bist, dort ist das Glück!"

[1] dünkt – seems
[2] der Geisterhauch – a ghostly whisper

Hölderlin

Hyperions Schicksalslied

Ihr wandelt droben im Licht
Auf weichem Boden, selige Genien!
Glänzende Götterlüfte
Rühren euch leicht,
Wie die Finger der Künstlerin
Heilige Saiten.

Schicksallos, wie der schlafende
Säugling, atmen die Himmlischen;
Keusch[1] bewahrt
In bescheidener Knospe,[2]
Blühet ewig
Ihnen der Geist,
Und die seligen Augen
Blicken in stiller
Ewiger Klarheit.

Doch uns ist gegeben,
Auf keiner Stätte zu ruhn,
Es schwinden, es fallen
Die leidenden Menschen
Blindlings von einer
Stunde zur andern,
Wie Wasser von Klippe
Zu Klippe geworfen,
Jahrlang ins Ungewisse hinab.

[1]keusch – chaste, maidenly   [2] die Knospe – bud

Hälfte des Lebens

Mit gelben Birnen hänget
Und voll mit wilden Rosen
Das Land in den See,
Ihr holden Schwäne,
Und trunken von Küssen
Tunkt ihr das Haupt
Ins heilignüchterne Wasser.

Weh mir, wo nehm' ich, wenn
Es Winter ist, die Blumen, und wo
Den Sonnenschein
Und Schatten der Erde?
Die Mauern stehn
Sprachlos und kalt, im Winde
Klirren die Fahnen.

Lenz

Der große Wildenberg

Mit dem Brief kam neue Hoffnung. Er war nur kurz, enthielt keine
Anrede, er war mit gleichgültiger Höflichkeit diktiert worden, ohne
Anteilnahme, ohne die Absicht, mir durch eine versteckte, vielleicht
unfreiwillige Wendung zu verstehen zu geben, daß meine Sache gut
stand. Obwohl ich den Brief mehrmals las, nach Worten suchte, die
ich in der ersten Aufregung überlesen zu haben fürchtete, und
obwohl all meine Versuche, etwas Gutes für mich herauszulesen,
mißlangen, glaubte ich einige Hoffnungen in ihn setzen zu können,
denn man lud mich ein, oder empfahl mir, zum Werk herauszukom-
men und mich vorzustellen.

Ich faltete den Brief zusammen, legte ihn, damit ich ihn ge-
gebenenfalls schnell zur Hand hätte, in die Brieftasche und fuhr
hinaus zur Fabrik. Es war eine Drahtfabrik, ein langgestrecktes,
flaches Gebäude; es war dunkel, als ich hinausfuhr, und es schneite.
Ich ging an einer hohen Backsteinmauer entlang, ging in ihrem
Windschutz; elektrische Bogenlampen erhellten den Weg, niemand
kam mir entgegen. In das Pflaster der Straße waren Schienen eingelassen, sie glänzten matt, der Schnee hielt sich nicht auf ihnen. Der
Schienenstrang führte mich zu einer Einfahrt, er verließ in kurzem
Bogen die Straße, lief unter einem Drahtgitter hindurch und
verschwand im Innern eines schwarzen Schuppens. Neben dem Tor
stand ein Pförtnerhaus aus Holz, es wurde von einer schwachen elek-
trischen Birne erleuchtet, die an der Decke hing.

Im Schein der Birne erkannte ich den Pförtner, einen alten,
mürrischen Mann, der vor einem schäbigen Holtztisch saß und mich
beobachtete. Hinter seinem Rücken brannte ein Koksfeuer. Ich ging
an das Häuschen heran, und der Pförtner legte sein Ohr an das
Fenster und wartete auf meine Anmeldung: ich schwieg. Der Mann
wurde ärgerlich und stieß ein kleines Fenster vor mir auf. Ich spürte,

wie ein Strom von verbrauchter, süßlicher Luft ins Freie drang. Der Pförtner war offenbar besorgt, daß zuviel Luft aus seinem Raum entweichen könnte, und er fragte ungeduldig:

„Zu wem wollen Sie? Sind Sie angemeldet?"

Ich sagte, daß ich bestellt sei; wenn er wolle, könne ich ihm den Brief zeigen. Der Brief sei von einem Mann namens Wildenberg unterzeichnet.

Als ich diesen Namen nannte, blickte der Pförtner auf seine Uhr, dann sah er mich an, bekümmert und mit sanftem Spott, und ich fühlte, daß er seinen Ärger vergessen hatte und nur ein berufsmäßiges Mitleid für mich empfand.

„Ist Herr Wildenberg nicht da?" fragte ich.

„Er ist fast immer da", sagte der Pförtner. „Es kommt selten vor, daß er verreist ist. Aber Sie werden ihn heute nicht sprechen können."

Und dann erzählte er mir, wie schwer es sei, an Wildenberg heranzukommen; er erzählte mir, wieviel auf diesem großen Mann laste, der in schweigender Einsamkeit, hinter fernen Türen, seine Entschlüsse fasse, und daß es zwecklos sei, wenn ich, obgleich ich bestellt sei, zu dieser Stunde noch herkäme. Ich solle am nächsten Tag wiederkommen, empfahl mir der Pförtner, hob die Schultern, seufzte und sagte, daß das der einzige Rat sei, den er mir geben könne, ich täte gut daran, ihn zu befolgen.

Ich befolgte den Rat des Pförtners und ging nach Hause, und am nächsten Morgen, in aller Frühe, machte ich mich wieder auf den Weg zur Fabrik. Die Bogenlampen brannten noch, es war kalt, und von der Werkskantine roch es nach Kohl. Der Pförtner empfing mich freundlich, er schien auf mich gewartet zu haben. Er winkte mir, draußen stehen zu bleiben, telefonierte längere Zeit und erklärte schließlich mit glücklichem Eifer, daß es ihm gelungen sei, mich auf die Spur zu setzen, ich könne nun ohne Schwierigkeiten bis zu Doktor Setzkis Büro gehen, seine Sekretärin würde mich dort erwarten.

Die Sekretärin war forsch und mager, sie bot mir eine Tasse Tee an, den sie gerade gekocht hatte, und entschuldigte sich mit einer eiligen Arbeit. Ich wertete den Tee als gutes Zeichen, das Angebot hatte mich seltsamerweise so zuversichtlich für meine eigene Sache gemacht, daß ich der Sekretärin eine von meinen beiden Zigaretten hinüberreichen wollte, doch sie lehnte ab. Ich rauchte auch nicht, weil Dr Setzki jeden Augenblick aus seinem Zimmer kommen konnte, ich hörte Geräusche hinter seiner Tür, Knistern und Murmeln.

Es wurde hell draußen, die Bogenlampen erloschen, und die Sekretärin fragte mich, ob sie das Licht im Zimmer ausknipsen dürfe. Ich antwortete ihr lang und umständlich, in der Hoffnung, sie dadurch in ein Gespräch zu ziehen, denn es war mir ihretwegen

111

peinlich, daß Dr Setzki mich so lange warten ließ. Aber das Mädchen ging nicht auf meine Bemerkungen ein, sondern verbarg sich sofort wieder hinter ihrer Schreibmaschine, wo sie sicher war.

Dr Setzki kam spät, er war unerwartet jung, entschuldigte sich, daß er mich so lange hatte warten lassen, und führte mich über einen Gang. Er entschuldigte sich vor allem damit, daß Wildenberg, der große einsame Arbeiter, keinen zur Ruhe kommen lasse, immer wieder frage er nach, versichere sich aller Dinge mehrmals und verhindere dadurch, daß man einen genauen Tagesplan einhalten könne. Ich empfand fast ein wenig Furcht bei der Vorstellung, in wenigen Sekunden Wildenberg gegenüberzusitzen, ich spürte, wie auf den Innenflächen meiner Hände Schweiß ausbrach, und sehnte mich nach dem Zimmer der Sekretärin zurück.

Dr Setzki durchquerte mit mir ein Büro und brachte mich in ein Zimmer, in dem nur ein Schreibtisch und zwei Stühle standen. Er bat mich, auf einem der Stühle Platz zu nehmen und auf Dr Petersen zu warten, das sei, wie er sagte, die rechte Hand Wildenbergs, die mir alle weiteren Türen zu dem großen Mann öffnen werde. Er zeigte sich unterrichtet, in welcher Angelegenheit ich hergekommen war, sprach mit großer Bewunderung von Wildenbergs Geschick, Leute auszusuchen, und verabschiedete sich schließlich, indem er mir die Hand flüchtig auf die Schulter legte. Als ich allein war, dachte ich noch einmal an seine Worte, hörte noch einmal seinen Tonfall, und jetzt schien es mir, als sei die Bewunderung, mit der er von Wildenberg gesprochen hatte, heimliche Ironie.

Dr Petersen war, wie die Sekretärin, die unter einem Vorwand ins Zimmer kam, sagte, auf einer Sitzung. Sie konnte nicht sagen, wann er wieder zurück wäre, aber sie glaubte zu wissen, daß es nicht zu lange dauern würde; dafür, meinte sie, seien Sitzungen zu anstrengend. Sie lachte vielsagend und ließ mich allein.

Die Sekretärin hatte recht. Ich hatte zehn Minuten gewartet, da erschien Dr Petersen, ein Hüne[1] mit wässerigen Augen; er bat mich, Platz zu behalten, und wir sprachen über meine Bewerbung. Sie sei, sagte er, immer noch bei Wildenberg, er habe sie bei sich behalten, trotz seiner enormen Arbeitslast, und ich käme diesem großen Mann gewiß entgegen, wenn ich nicht weiter danach fragte, sondern meinen Aufenthalt bei ihm so kurz wie möglich hielte.

„Ich bin sicher", sagte Dr Petersen, „Herrn Wildenbergs Laune wird um so besser sein, je kürzer Sie sich fassen. Leute seiner Art machen alles kurz und konzentriert." Dann bat er mich, ihm zu folgen, klopfte an eine Tür, und als eine Stimme „Herein" rief, machte er mir noch einmal ein hastiges Zeichen, all seine Ratschläge zu bedenken, und ließ mich eintreten. Ich hörte, wie die Tür hinter mir geschlossen wurde.

„Kommen Sie", sagte eine freundliche, schwache Stimme, „kommen Sie zu mir heran."

Ich sah in die Ecke, aus der die Stimme gekommen war, und ich erkannte einen kleinen, leidvoll lächelnden Mann hinter einem riesigen Schreibtisch. Er winkte mir aus seiner Verlorenheit mit einem randlosen Zwicker zu, reichte mir die Hand, eine kleine, gichtige Hand, und bat mich schüchtern, Platz zu nehmen.

Nachdem ich mich gesetzt hatte, begann er zu erzählen, er erzählte mir die ganze Geschichte der Fabrik, und wenn ich in einer Pause zu gehen versuchte, bat er mich inständig, zu bleiben. Und jedesmal, wenn ich mich wieder setzte, bedankte er sich ausführlich, klagte über seine Einsamkeit und wischte mit dem Ärmchen über den leeren Schreibtisch. Ich wurde unruhig und erinnerte mich der Ratschläge, die man mir gegeben hatte, aber sein Bedürfnis, sich auszusprechen, schien echt zu sein, und ich blieb.

Ich blieb mehrere Stunden bei ihm. Bevor ich mich verabschiedete, fragte ich nach meiner Bewerbung. Er lächelte traurig und versicherte mir, daß er sie nie gesehen habe, er bekomme zwar, sagte er, gelegentlich etwas zur Unterschrift vorgelegt, aber nur, um sich nicht so einsam zu fühlen, denn man entreiße es ihm sofort wieder. Und er gab mir flüsternd den Rat, es einmal bei Dr Setzki zu versuchen, der habe mehr Möglichkeiten und sei über den Pförtner zu erreichen: ich mußte ihm glauben.

Ich verabschiedete mich von dem großen Wildenberg, und als ich bereits an der Tür war, kam er mir nachgetrippelt, zupfte mich am Ärmel und bat mich, ihn bald wieder zu besuchen. Ich versprach es.

[1] der Hüne – giant

Eichendorff

Der Einsiedler

Komm, Trost der Welt, du stille Nacht!
Wie steigst du von den Bergen sacht,
Die Lüfte alle schlafen,
Ein Schiffer nur noch, wandermüd,
Singt übers Meer sein Abendlied
Zu Gottes Lob im Hafen.

Die Jahre wie die Wolken gehn
Und lassen mich hier einsam stehn,
Die Welt hat mich vergessen,
Da tratst du wunderbar zu mir,
Wenn ich beim Waldesrauschen hier
Gedankenvoll gesessen.

O Trost der Welt, du stille Nacht!
Der Tag hat mich so müd gemacht,
Das weite Meer schon dunkelt,
Laß ausruhn mich von Lust und Not,
Bis daß das ew'ge Morgenrot
Den stillen Wald durchfunkelt.

In der Fremde

Aus der Heimat hinter den Blitzen rot
Da kommen die Wolken her,
Aber Vater und Mutter sind lange tot,
Es kennt mich dort keiner mehr.

Wie bald, wie bald kommt die stille Zeit,
Da ruhe ich auch, und über mir
Rauschet die schöne Waldeinsamkeit
Und keiner mehr kennt mich auch hier.

Jahreszeiten

Poems that describe seasons very rarely do just that; landscapes are often used poetically as metaphors for inner emotions. As T. S. Eliot puts it in *The Sacred Wood*:

> The only way of expressing emotion in the form of art is by finding "an objective correlative"; in other words a set of objects, a situation, a chain of events which shall be the formula of that *particular* emotion; such that when the external facts, which must terminate in sensory experience, are given, the emotion is immediately evoked ... The artistic "inevitability" lies in this complete adequacy of the external to the emotion.

Consider Rilke's *Herbsttag*. The first two stanzas might be taken as a simple description of the approach of Autumn, but a closer inspection reveals a disquieting urgency in the poet's plea, particularly in the insistent internal rhymes of the first verse and the *enjambement* of the second. The third verse confirms these suspicions. Rilke here stresses that man is not integrated like the seasons. Nature is dominated by fixed laws of time, but man is not and suffers as a consequence. Lamenting this disharmony at the opening of the fourth *Duino Elegy*, Rilke cries:

O Bäume Lebens, o wann winterlich?

The poetic shorthand is enough – the reader knows what he means. The words which follow: 'Wir sind nicht einig' are in a sense superfluous.

The famous carol, *Stille Nacht*, was written by a young priest, Joseph Mohr, on Christmas Eve 1818, while Goethe's *Epiphaniasfest* – a parody of *We Three Kings* – was commissioned for a masked ball at the Weimar court. Borchert's dark treatment of the same theme, *Die drei dunklen Könige*, is given the same immediately post-war setting as his story *Das Brot* (p. 139): but this time hunger and cold are mitigated a little through love.

Spring is often considered the season of rejuvenation, of bourgeoning love. Mörike, in his bitter-sweet *Im Frühling*, captures the sensation visually in the second verse, where the line-length expands with his growing hope. Eichendorff's *Frühlingsnacht* is one long crescendo, proceeding from a general description of expectation and joy to the naming of the particular cause in the very last line – love. Brecht probably appreciated the beauty of nature as much as any poet (see *Schlechte Zeit für Lyrik*, p. 151) but felt unable to write simple nature poems as long as social injustice was rampant around him. In his *Frühling 1938* he juxtaposes the theme of bourgeoning Spring with that of destruction; he contrasts a little boy's concern for the vulnerable early-blossoming apricot tree (beautifully evoked by the short, simple, flowing last lines) with the destructive might of the warmongers, whose butchery is described in one long, ugly, staccato phrase. It is, however, a paradox of Brecht's poetry that, in the very act of declining to express himself lyrically, he actually contradicts himself and writes a sort of descriptive nature poetry: we see vividly before us the snow-storm, the greening hedgerow and the little apricot tree. *Schlechte Zeit für Lyrik*, also illustrates the same paradox – its final verse, for example, is indisputably social and political, but in refusing to describe the beauty of the blossoming apple-tree he evokes its beauty, and the poetry enters via the back door.

Rilke

Herbsttag

Herr: es ist Zeit. Der Sommer war sehr groß.
Leg deinen Schatten auf die Sonnenuhren,
und auf den Fluren laß die Winde los.

Befiehl den letzten Früchten voll zu sein;
gieb ihnen noch zwei südlichere Tage,
dränge sie zur Vollendung hin und jage
die letzte Süße in den schweren Wein.

Wer jetzt kein Haus hat, baut sich keines mehr.
Wer jetzt allein ist, wird es lange bleiben,
wird wachen, lesen, lange Briefe schreiben
und wird in den Alleen hin und her
unruhig wandern, wenn die Blätter treiben.

Herbst

Die Blätter fallen, fallen wie von weit,
als welkten in den Himmeln ferne Gärten;
sie fallen mit verneinender Gebärde.

Und in den Nächten fällt die schwere Erde
aus allen Sternen in die Einsamkeit.

Wir alle fallen. Diese Hand da fällt.
Und sieh dir andre an: es ist in allen.

Und doch ist Einer, welcher dieses Fallen
unendlich sanft in seinen Händen hält.

Storm

Oktoberlied

Der Nebel steigt, es fällt das Laub;
Schenk ein den Wein, den holden!
Wir wollen uns den grauen Tag
Vergolden, ja vergolden!

Und geht es draußen noch so toll,
Unchristlich oder christlich,
Ist doch die Welt, die schöne Welt,
So gänzlich unverwüstlich!

Und wimmert auch einmal das Herz,–
Stoß an und laß es klingen!
Wir wissen's doch, ein rechtes Herz
Ist gar nicht umzubringen.

Der Nebel steigt, es fällt das Laub;
Schenk ein den Wein, den holden!
Wir wollen uns den grauen Tag
Vergolden, ja vergolden!

Wohl ist es Herbst; doch warte nur,
Doch warte nur ein Weilchen!
Der Frühling kommt, der Himmel lacht,
Es steht die Welt in Veilchen.

Die blauen Tage brechen an,
Und ehe sie verfließen,
Wir wollen sie, mein wackrer Freund,
Genießen, ja genießen!

Weihnachtsabend

Die fremde Stadt durchschritt ich sorgenvoll,
Der Kinder denkend, die ich ließ zu Haus.
Weihnachten war's; durch alle Gassen scholl
Der Kinderjubel und des Markts Gebraus.

Und wie der Menschenstrom mich fortgespült,
Drang mir ein heiser Stimmlein in das Ohr:
„Kauft, lieber Herr!" Ein magres Händchen hielt
Feilbietend[1] mir ein ärmlich Spielzeug vor.

Ich schrak empor, und beim Laternenschein
Sah ich ein bleiches Kinderangesicht;
Wes Alters und Geschlechts es mochte sein,
Erkannt ich im Vorübertreiben nicht.

Nur von dem Treppenstein, darauf es saß,
Noch immer hört ich, mühsam, wie es schien:
„Kauft, lieber Herr!" den Ruf ohn' Unterlaß;
Doch hat wohl keiner ihm Gehör verliehn.

Und ich? – War's Ungeschick, war es die Scham,
Am Weg zu handeln mit dem Bettelkind?
Eh meine Hand zu meiner Börse kam,
Verscholl das Stimmlein hinter mir im Wind.

Doch als ich endlich war mit mir allein,
Erfaßte mich die Angst im Herzen so,
Als säß mein eigen Kind auf jenem Stein,
Und schrie nach Brot, indessen ich entfloh.

[1]feilbieten – to offer for sale

Bichsel

Erklärung

Am Morgen lag Schnee.

Man hätte sich freuen können. Man hätte Schneehütten bauen
können oder Schneemänner, man hätte sie als Wächter vor das Haus
getürmt.

Der Schnee ist tröstlich, das ist alles, was er ist – und er halte
warm, sagt man, wenn man sich in ihn eingrabe.

Aber er dringt in die Schuhe, blockiert die Autos, bringt Eisen-
bahnen zum Entgleisen und macht entlegene Dörfer einsam.

Mohr

Stille Nacht, heilige Nacht!
Alles schläft, einsam wacht
nur das traute, hochheilige Paar.
Holder Knabe im lockigen Haar,
schlaf in himmlischer Ruh!

Stille Nacht, heilige Nacht!
Hirten erst kundgemacht
durch der Engel Halleluja
Tönt es laut von fern und nah:
Christ, der Retter, ist da!

Stille Nacht, heilige Nacht!
Gottes Sohn, o wie lacht
Lieb' aus deinem göttlichen Mund,
da uns schlägt die rettende Stund,
Christ, in deiner Geburt!

Goethe

Epiphaniasfest

Die heilgen drei König' mit ihrem Stern,
Sie essen, sie trinken, und bezahlen nicht gern;
Sie essen gern, sie trinken gern,
Sie essen, trinken und bezahlen nicht gern.

Die heilgen drei König' sind kommen allhier,
Es sind ihrer drei und sind nicht ihrer vier;
Und wenn zu dreien der vierte wär,
So wär ein heilger drei König mehr.

Ich erster bin der weiß und auch der schön,
Bei Tage solltet ihr erst mich sehn!
Doch ach, mit allen Spezerein
Werd ich sein Tag kein Mädchen mir erfrein.[1]

Ich aber bin der braun und bin der lang,
Bekannt bei Weibern wohl und bei Gesang.
Ich bringe Gold statt Spezerein,
Da werd ich überall willkommen sein.

Ich endlich bin der schwarz und bin der klein
Und mag auch wohl einmal recht lustig sein.
Ich esse gern, ich trinke gern,
Ich esse, trinke und bedanke mich gern.

Die heilgen drei König' sind wohlgesinnt,
Sie suchen die Mutter und das Kind;
Der Joseph fromm sitzt auch dabei,
Der Ochs und Esel liegen auf der Streu.

Wir bringen Myrrhen, wir bringen Gold,
Dem Weihrauch[2] sind die Damen hold;
Und haben wir Wein von gutem Gewächs,
So trinken wir drei so gut als ihrer sechs.

Da wir nun hier schöne Herrn und Fraun,
Aber keine Ochsen und Esel schaun,
So sind wir nicht am rechten Ort
Und ziehen unseres Weges weiter fort.

[1] erfrein – to woo and wed
[2] der Weihrauch – frankincense

Borchert

Die drei dunklen Könige

Er tappte durch die dunkle Vorstadt. Die Häuser standen abge-
brochen gegen den Himmel. Der Mond fehlte und das Pflaster war
erschrocken über den späten Schritt. Dann fand er eine alte Planke.
Da trat er mit dem Fuß gegen, bis eine Latte morsch aufseufzte und
losbrach. Das Holz roch mürbe und süß. Durch die dunkle Vorstadt
tappte er zurück. Sterne waren nicht da.

Als er die Tür aufmachte (sie weinte dabei, die Tür), sahen ihm die
blaßblauen Augen seiner Frau entgegen. Sie kamen aus einem
müden Gesicht. Ihr Atem hing weiß im Zimmer, so kalt war es. Er
beugte sein knochiges Knie und brach das Holz. Das Holz seufzte.

Dann roch es mürbe und süß ringsum. Er hielt sich ein Stück davon unter die Nase. Riecht beinahe wie Kuchen, lachte er leise. Nicht, sagten die Augen der Frau, nicht lachen. Er schläft.

Der Mann legte das süße mürbe Holz in den kleinen Blechofen. Da glomm es auf und warf eine Handvoll warmes Licht durch das Zimmer. Die fiel hell auf ein winziges rundes Gesicht und blieb einen Augenblick. Das Gesicht war erst eine Stunde alt, aber es hatte schon alles, was dazugehört: Ohren, Nase, Mund und Augen. Die Augen mußten groß sein, das konnte man sehen, obgleich sie zu waren. Aber der Mund war offen und es pustete[1] leise daraus. Nase und Ohren waren rot. Er lebt, dachte die Mutter. Und das kleine Gesicht schlief.

Da sind noch Haferflocken,[2] sagte der Mann. Ja, antwortete die Frau, das ist gut. Es ist kalt. Der Mann nahm noch von dem süßen weichen Holz. Nun hat sie ihr Kind gekriegt und muß frieren, dachte er. Aber er hatte keinen, dem er dafür die Fäuste ins Gesicht schlagen konnte. Als er die Ofentür aufmachte, fiel wieder eine Handvoll Licht über das schlafende Gesicht. Die Frau sagte leise: Kuck, wie ein Heiligenschein, siehst du? Heiligenschein! dachte er und er hatte keinen, dem er die Fäuste ins Gesicht schlagen konnte.

Dann waren welche an der Tür. Wir sahen das Licht, sagten sie, vom Fenster. Wir wollen uns zehn Minuten hinsetzen.

Aber wir haben ein Kind, sagte der Mann zu ihnen. Da sagten sie nichts weiter, aber sie kamen doch ins Zimmer, stießen Nebel aus den Nasen und hoben die Füße hoch. Wir sind ganz leise, flüsterten sie und hoben die Füße hoch. Dann fiel das Licht auf sie. Drei waren es. In drei alten Uniformen. Einer hatte einen Pappkarton, einer einen Sack. Und der dritte hatte keine Hände. Erfroren, sagte er, und hielt die Stümpfe hoch. Dann drehte er dem Mann die Manteltasche hin. Tabak war darin und dünnes Papier. Sie drehten Zigaretten. Aber die Frau sagte: Nicht, das Kind.

Da gingen die vier vor die Tür und ihre Zigaretten waren vier Punkte in der Nacht. Der eine hatte dicke umwickelte Füße. Er nahm ein Stück Holz aus seinem Sack. Ein Esel, sagte er, ich habe sieben Monate daran geschnitzt. Für das Kind. Das sagte er und gab es dem Mann. Was ist mit den Füßen? fragte der Mann. Wasser, sagte der Eselschnitzer, vom Hunger. Und der andere, der dritte? fragte der Mann und befühlte im Dunkeln den Esel. Der dritte zitterte in seiner Uniform: Oh, nichts, wisperte er, das sind nur die Nerven. Man hat eben zuviel Angst gehabt. Dann traten sie die Zigaretten aus und gingen wieder hinein.

Sie hoben die Füße hoch und sahen auf das kleine schlafende Gesicht. Der Zitternde nahm aus seinem Pappkarton zwei gelbe Bonbons und sagte dazu: Für die Frau sind die.

Die Frau machte die blassen blauen Augen weit auf, als sie die drei Dunklen über das Kind gebeugt sah. Sir fürchtete sich. Aber da stemmte das Kind seine Beine gegen ihre Brust und schrie so kräftig, daß die drei Dunklen die Füße aufhoben und zur Tür schlichen. Hier nickten sie nochmal, dann stiegen sie in die Nacht hinein.

Der Mann sah ihnen nach. Sonderbare Heilige, sagte er zu seiner Frau. Dann machte er die Tür zu. Schöne Heilige sind das, brummte er und sah nach den Haferflocken. Aber er hatte kein Gesicht für seine Fäuste.

Aber das Kind hat geschrien, flüsterte die Frau, ganz stark hat es geschrien. Da sind sie gegangen. Kuck mal, wie lebendig es ist, sagte sie stolz. Das Gesicht machte den Mund auf und schrie.

Weint er? fragte der Mann.

Nein, ich glaube, er lacht, antwortete die Frau.

Beinahe wie Kuchen, sagte der Mann und roch an dem Holz, wie Kuchen. Ganz süß.

Heute ist ja auch Weihnachten, sagte die Frau.

Ja, Weihnachten, brummte er und vom Ofen her fiel eine Handvoll Licht hell auf das kleine schlafende Gesicht.

[1] pusten – to breathe
[2] Haferflocken – rolled oats

Müller

Frühlingstraum

Ich träumte von bunten Blumen,
So wie sie wohl blühen im Mai;
Ich träumte von grünen Wiesen,
Von lustigem Vogelgeschrei.

Und als die Hähne krähten,
Da ward mein Auge wach;
Da war es kalt und finster,
Es schrieen die Raben vom Dach.

Doch an den Fensterscheiben,
Wer malte die Blätter da?
Ihr lacht wohl über den Träumer,
Der Blumen im Winter sah?

Ich träumte von Lieb um Liebe,
Von einer schönen Maid,
Von Herzen und von Küssen,
Von Wonne und Seligkeit.

123

Und als die Hähne krähten,
Da ward mein Herze wach;
Nun sitz ich hier alleine
Und denke dem Traume nach.

Die Augen schließ ich wieder,
Noch schlägt das Herz so warm.
Wann grünt ihr Blätter am Fenster?
Wann halt ich mein Liebchen im Arm?

Mörike

Im Frühling

Hier lieg ich auf dem Frühlingshügel:
Die Wolke wird mein Flügel,
Ein Vogel fliegt mir voraus.
Ach, sag mir, alleinzige Liebe,
Wo du bleibst, daß ich bei dir bliebe!
Doch du und die Lüfte, ihr habt kein Haus.

Der Sonnenblume gleich steht mein Gemüte offen,
Sehnend,
Sich dehnend
In Lieben und Hoffen.
Frühling, was bist du gewillt?
Wann werd ich gestillt?

Die Wolke seh ich wandeln und den Fluß,
Es dringt der Sonne goldner Kuß
Mir tief bis ins Geblüt hinein;
Die Augen, wunderbar berauschet,
Tun, als schliefen sie ein,
Nur noch das Ohr dem Ton der Biene lauschet.
Ich denke dies und denke das,
Ich sehne mich und weiß nicht recht nach was:
Halb ist es Lust, halb ist es Klage;
Mein Herz, o sage,
Was webst du für Erinnerung
In golden grüner Zweige Dämmerung?
– Alte unnennbare Tage!

Eichendorff

Frühlingsnacht

Übern Garten durch die Lüfte
Hört ich Wandervögel ziehn,
Das bedeutet Frühlingsdüfte,
Unten fängt's schon an zu blüh'n.

Jauchzen möcht ich, möchte weinen,
Ist mir's doch, als könnt's nicht sein!
Alte Wunder wieder scheinen
Mit dem Mondesglanz herein.

Und der Mond, die Sterne sagen's,
Und im Traume rauscht's der Hain,
Und die Nachtigallen schlagen's:
Sie ist deine, sie ist dein!

Brecht

Frühling 1938

Heute, Ostersonntag früh
Ging ein plötzlicher Schneesturm über die Insel.
Zwischen den grünenden Hecken lag Schnee. Mein junger
    Sohn
Holte mich zu einem Aprikosenbäumchen an der
    Hausmauer
Von einem Vers weg, in dem ich auf diejenigen mit dem
    Finger deutete
Die einen Krieg vorbereiteten, der
Den Kontinent, diese Insel, mein Volk, meine Familie
    und mich
Vertilgen mag. Schweigend
Legten wir einen Sack
Über den frierenden Baum.

Krieg und Nachkrieg

Lieber Gott, mach mich stumm,
daß ich nicht nach Dachau kumm.

Germany's war literature is not particularly rich. Of course there are important exceptions, such as Renn's *Krieg* and Remarque's *Im Westen nichts Neues (All quiet on the Western Front)* which achieved world-wide success as a novel and film; but in general, and especially in poetry, the trenches and the battles of both world wars did not produce much writing of stature.

German post-war literature, however, abounds in writing that examines the consequences of war and criticizes the brutality of the Nazi regime. There are many satires of totalitarian states (for example, *Ein verächtlicher Blick* and *Mein trauriges Gesicht*, pp. 8–16) whilst the theme of "Vergangenheitsbewältigung" – a coming to terms with the past – is encountered again and again.

The two short tableaux that open this section come from Bertolt Brecht's *Furcht und Elend des dritten Reiches*, a collection of twenty-four episodes that depict conditions in Germany immediately before the outbreak of the Second World War. The scenes do not form part of any plot, but illustrate the fear and suffering of German citizens from 1933–38. Silence was crucial to survival, as the above rhyme about Dachau makes clear, but silence itself and sadness could jeopardize an individual's safety (see *Mein trauriges Gesicht*.) Brecht was fifth on the Nazi black list, and fled from Germany to Switzerland to Denmark to Finland to Russia to America in his years of exile – "Öfter als die Schuhe die Länder wechselnd", as he wrote in the poem *An die Nachgeborenen*. Until his death in 1956 Brecht remained an implacable enemy of war, and nowhere is this more evident than in his *Kinderkreuzzug* (contained in Brecht's *Kalendergeschichten*), the story of a group of little children lost in Poland, surrounded by tanks, fire and destruction. It is not surprising that Benjamin Britten, a committed pacifist, loved this poem and set it to music shortly before he died. But Brecht, unlike Britten, was no conventional pacifist, and his attitude to war was equivocal. His play *Mutter Courage und ihre Kinder* attacks war and those, like Mother

Courage, who batten on it, but at the same time he sees revolution as a necessary step in combating capitalism that greedily exploits the masses.

Erich Kästner, born in 1899, a year after Brecht, also fled from Germany in 1933; the Nazis banned him from writing and in a public ceremony burned his books. He is known principally as a writer of children's books (*Emil und die Detektive, Pünktchen und Anton*, etc.), and many of these have been filmed. His low-brow poetry, however, with its strange mixture of humour, humanity, satire and lyricism deserves to be better known.

Heinrich Böll has been called the self-appointed conscience of Germany. As he himself puts it in *Der Zeitgenosse und die Wirklichkeit* (1953): "Es gibt nichts, was uns nicht angeht, das heißt positiv: alles geht uns an". And war was no exception. The opening sentence of *Mein teures Bein*, like that of *Die ungezählte Geliebte* (p. 17) illustrates the narrator's stance: the individual is confronted by the administrative machine of the State. The final sentence with its thumping monosyllables conveys the determination of the individual to resist the depersonalized bureaucracy of the Labour Exchange. Everywhere in Böll one meets an indignation at injustice, whether in the form of a soldier, crippled in the service of his country, being fobbed off with a job in a public convenience; or of an innocent woman whose life is ruined by an unscrupulous, prying press (*Die verlorene Ehre der Katharina Blum*). A boy's reaction to injustice is to seek revenge, like the eleven-year-old boy in Böll's story *Daniel der Gerechte*, where we read: '. . . darunter schrieb er "Wenn es nur Gerächtigkeit auf der Welt gäbe" – und er schrieb in Gerechtigkeit statt des zweiten e ein ä, weil er sich dumpf daran erinnerte, daß alle Worte einen Stamm haben, und es schien ihm, als sei der Stamm von Gerechtigkeit Rache'.

The satirist's reaction to injustice, however, is best summed up by Heine in two stanzas from his poem *Enfant perdu* (p. 150):

> Verlorner Posten in dem Freiheitskriege,
> Hielt ich seit dreißig Jahren aus.
> Ich kämpfte ohne Hoffnung, daß ich siege,
> Ich wußte, nie komm ich gesund nach Haus . . .

> . . . Ein Posten ist vakant! – die Wunden klaffen –
> Der eine fällt, die andern rücken nach –
> Doch fall ich unbesiegt, und meine Waffen
> Sind nicht gebrochen – nur mein Herze brach.

The writer's weapon is his art.

Brecht

Zwei Bäcker

Dann kommen die Bäckermeister
Die tragen einen Sack mit Kleister[1]
Und sollen daraus backen Brot.
So backen sie denn Brot, die Braven
Aus Kleie,[2] Mehl und Paragraphen
Und haben damit ihre Not.

*Landsberg, 1936. Gefängnishof. Die Sträflinge gehen im Kreise.
Jeweils vorn sprechen zueinander leise zwei Sträflinge.*

DER EINE Du bist also auch Bäcker, Neuer?
DER ANDERE Ja. Bist du auch?
DER EINE Ja. Warum haben sie dich geschnappt?
DER ANDERE Obacht!
   Sie gehen wieder den Kreis.
DER ANDERE Weil ich nicht Kleie und Kartoffeln ins Brot gab. Und
   du? Wie lang bist du schon hier?
DER EINE Zwei Jahre.
DER ANDERE Und warum bist du hier? Obacht!
   Sie gehen wieder den Kreis.
DER EINE Weil ich Kleie ins Brot gab. Das hieß vor zwei Jahren noch
   Lebensmittelfälschung.
DER ANDERE Obacht!

[1] der Kleister – paste
[2] die Kleie – bran

Winterhilfe

Die Winterhelfer treten
Mit Fahnen und Trompeten
Auch in das ärmste Haus.
Sie schleppen stolz erpreßte
Lumpen und Speisereste
Für die armen Nachbarn heraus.

Die Hand, die ihren Bruder erschlagen
Reicht, daß sie sich nicht beklagen
Eine milde Gabe in Eil.
Es bleiben die Almosenwecken[1]
Ihnen im Halse stecken
Und auch das Hitlerheil.

Karlsruhe, 1937. In die Wohnung einer alten Frau, die mit ihrer Tochter am Tisch steht, bringen zwei SA-Leute ein Paket der Winterhilfe.

DER ERSTE SA-MANN So, Mutter, das schickt Ihnen der Führer.

DER ZWEITE SA-MANN Damit Sie nicht sagen können, er sorgt nicht für Sie.

DIE ALTE FRAU Danke schön, danke schön. Kartoffeln, Erna. Und ein Wolljumper. Und Äpfel.

DER ERSTE SA-MANN Und ein Brief vom Führer mit was drinnen. Machen Sie mal auf!

DIE ALTE FRAU *öffnet den Brief:* Fünf Mark! Was sagst du jetzt, Erna?

DER ZWEITE SA-MANN Winterhilfe!

DIE ALTE FRAU Da müssen Sie aber auch ein Äpfelchen nehmen, junger Mann, und Sie auch. Weil Sie das gebracht haben und sind die Stiegen hochgeklettert. Andres hab ich ja nicht da. Und ich nehm auch gleich einen.

Sie beißt in einen Apfel. Alle essen Äpfel, außer der jungen Frau.

DIE ALTE FRAU Nimm doch auch einen, Erna, steh nicht so rum! Jetzt siehst du doch, daß es nicht so ist, wie dein Mann sagt.

DER ERSTE SA-MANN Wie sagt er denn?

DIE JUNGE FRAU Gar nichts sagt er. Die Alte quatscht bloß.

DIE ALTE FRAU Nein, das ist auch nur Gerede von ihm, nichts Schlimmes, wissen Sie, was eben alle so reden. Daß die Preise ein bißchen hochgegangen sind in der letzten Zeit. *Sie deutet mit dem Apfel auf ihre Tochter.* Und sie hat ja auch tatsächlich aus dem Haushaltungsbuch ausgerechnet, daß sie hundertdreiundzwanzig Märker mehr gebraucht hat für Essen in diesem Jahr als im vorigen. Nicht, Erna? *Sie sieht, daß die SA-Leute das anscheinend krumm genommen haben.* Aber das ist ja nur, weil so aufgerüstet wird, nicht? Was ist denn? Hab ich was gesagt?

DER ERSTE SA-MANN Wo verwahren Sie denn das Haushaltungsbuch, junge Frau?

DER ZWEITE SA-MANN Und wem zeigen Sie denn das Haushaltungsbuch alles?

DIE JUNGE FRAU Es ist nur zu Hause. Ich zeig es niemand.

DIE ALTE FRAU Das können Sie ihr doch nicht übelnehmen, daß sie ein Haushaltungsbuch führt, nicht?

DER ERSTE SA-MANN Und daß sie Greuelmärchen verbreitet, das können wir wohl auch nicht übelnehmen, was?

DER ZWEITE SA-MANN Und daß sie besonders laut Heil Hitler gerufen hätte bei unserm Eintritt, hab ich auch nicht gehört. Hast du?

DIE ALTE FRAU Aber sie hat Heil Hitler gerufen, und ich sage es auch. Heil Hitler!

DER ZWEITE SA-MANN Das ist ja ein nettes Marxistennest, wo wir da reingestochen haben, Albert. Das Haushaltungsbuch müssen wir mal näher bekieken,[2] kommen Sie gleich mit uns, wo Sie wohnen. *Er packt die junge Frau am Arm.*

DIE ALTE FRAU Aber sie ist doch im dritten Monat! Sie können doch nicht . . . das tun Sie doch nicht! Wo Sie doch das Paket gebracht haben und die Äpfel angenommen haben. Erna! Sie hat doch Heil Hitler gerufen, was soll ich nur machen. Heil Hitler! Heil Hitler! *Sie erbricht[3] den Apfel. – Die SA-Leute führen ihre Tochter ab.*

DIE ALTE FRAU *sich weiter erbrechend:* Heil Hitler!

[1] die Wecke – breakfast roll   [2] bekieken – to look at   [3] erbrechen – to vomit

Lied einer deutschen Mutter

Mein Sohn, ich hab dir die Stiefel
Und dies braune Hemd geschenkt:
Hätt ich gewußt, was ich heut weiß
Hätt ich lieber mich aufgehängt.

Mein Sohn, als ich deine Hand sah
Erhoben zum Hitlergruß
Wußt ich nicht, daß dem, der ihn grüßet
Die Hand verdorren muß.

Mein Sohn, ich höre dich reden
Von einem Heldengeschlecht
Wußte nicht, ahnte nicht, sah nicht:
Du warst ihr Folterknecht.[1]

Mein Sohn, und ich sah dich marschieren
Hinter dem Hitler her
Wußte nicht, daß, wer mit ihm auszieht
Zurück kehrt er nimmermehr.

Mein Sohn, du sagtest mir, Deutschland
Wird nicht mehr zu kennen sein.
Wußt nicht, es würde werden
Zu Aschen und blut'gem Stein.

Sah das braune Hemd dich tragen
Hab mich nicht dagegen gestemmt
Denn ich wußte nicht, was ich heut weiß:
Es war dein Totenhemd.

[1] der Folterknecht – torturer

An meine Landsleute

Ihr, die ihr überlebtet in gestorbenen Städten
Habt doch nun endlich mit euch selbst Erbarmen!
Zieht nun in neue Kriege nicht, ihr Armen
Als ob die alten nicht gelanget[1] hätten:
Ich bitt euch, habet mit euch selbst Erbarmen!

Ihr Männer, greift zur Kelle, nicht zum Messer!
Ihr säßet unter Dächern schließlich jetzt
Hättet ihr auf das Messer nicht gesetzt
Und unter Dächern sitzt es sich doch besser.
Ich bitt euch, greift zur Kelle, nicht zum Messer!

Ihr Kinder, daß sie euch mit Krieg verschonen
Müßt ihr um Einsicht eure Eltern bitten.
Sagt laut, ihr wollt nicht in Ruinen wohnen
Und nicht das leiden, was sie selber litten:
Ihr Kinder, daß sie euch mit Krieg verschonen!

Ihr Mütter, da es euch anheimgegeben[2]
Den Krieg zu dulden oder nicht zu dulden
Ich bitt euch, lasset eure Kinder leben!
Daß sie euch die Geburt und nicht den Tod dann schulden:
Ihr Mütter, lasset eure Kinder leben!

[1] langen – to suffice
[2] da es euch anheimgegeben – as it is left to you

Thoma

Der Krieg

Ein Schulaufsatz

Der Krieg (bellum) ist jener Zustand, in welchem zwei oder mehrere Völker es gegeneinander probieren. Man kennt ihn schon seit den ältesten Zeiten, und weil er so oft in der Bibel vorkommt, heißt man ihn heilig.

131

Im alten Rom wurde der Tempel geschlossen, wenn es anging, weil der Gott Janus vielleicht nichts davon wissen wollte.

Das ist aber ein lächerlicher Aberglaube und durch das Christentum abgeschafft, welches die Kirchen deswegen nicht schließt. Es gibt Religionskriege, Eroberungskriege, Existenzkriege, Nationalkriege u. s. w. Wenn ein Volk verliert, und es geht dann von vorne an, heißt man es einen Rachekrieg.

Am häufigsten waren früher die Religionskriege, weil damals die Menschen wollten, daß alle Leute Gott gleich liebhaben sollten und sich deswegen totschlugen. In der jetzigen Zeit gibt es mehr Handelskriege, weil die Welt jetzt nicht mehr so ideal ist.

Wenn es im Altertum einen Krieg gab, zerkriegten sich auch die Götter. Die einen halfen den einen, und die andern halfen den andern. Man sieht das schon im Homer.

Die Götter setzten sich auf die Hügel und schauten zu. Wenn sie dann zornig wurden, hauten sie sich auf die Köpfe.

Das heißt, die Alten glaubten das. Man muß darüber lachen, weil es so kindlich ist, daß es verschiedene Gottheiten gibt, welche sich zerkriegen.

Heute glauben die Menschen nur an einen Gott, und wenn es angeht, beten sie, daß er ihnen hilft.

Auf beiden Seiten sagen die Priester, daß er zu ihnen steht, welches aber nicht möglich ist, weil es doch zwei sind.

Man sieht es erst hinterdrein. Wer verliert, sagt dann, daß er bloß geprüft worden ist. Wenn der Krieg angegangen ist, spielt die Musik. Die Menschen singen dann auf der Straße und weinen.

Man heißt dies die Nationalhymne.

Bei jedem Volk schaut dann der König zum Fenster heraus, wodurch die Begeisterung noch größer wird. Dann geht es los. Es beginnt der eigentliche Teil des Krieges, welchen man Schlacht heißt.

Sie fängt mit einem Gebet an, dann wird geschossen, und es werden die Leute umgebracht. Wenn es vorbei ist, reitet der König herum und schaut, wie viele tot sind.

Alle sagen, daß es traurig ist, daß so etwas sein muß. Aber die, welche gesund bleiben, trösten sich, weil es doch der schönste Tod ist.

Nach der Schlacht werden wieder fromme Lieder gesungen, was schon öfter gemalt worden ist. Die Gefallenen werden in Massengräber gelegt, wo sie ruhen, bis die Professoren sie ausgraben lassen.

Dann kommen ihre Uniformen in ein Museum; meistens sind aber nur mehr die Knöpfe übrig. Die Gegend, wo die Menschen umgebracht worden sind, heißt man das Feld der Ehre.

Wenn es genug ist, ziehen die Sieger heim; überall ist eine große Freude, daß der Krieg vorbei ist, und alle Menschen gehen in die Kirche, um Gott dafür zu danken.

Wenn einer denkt, daß es noch gescheiter gewesen wäre, wenn man gar nicht angefangen hätte, so ist er ein Sozialdemokrat und wird eingesperrt.

Dann kommt der Friede, in welchem der Mensch verkümmert, wie Schiller sagt. Besonders die Invaliden, weil sie kein Geld kriegen und nichts verdienen können.

Manche erhalten eine Drehorgel, mit der sie patriotische Lieder spielen, welche die Jugend begeistern, daß sie auch einmal recht fest zuhauen, wenn es losgeht.

Alle, welche im Krieg waren, bekommen runde Medaillen, welche klirren, wenn die Inhaber damit spazieren gehen. Viele kriegen auch den Rheumatismus und werden dann Pedelle[1] am Gymnasium, wie der unsrige.

So hat auch der Krieg sein Gutes und befruchtet alles.

[1] der Pedell – porter, janitor

Böll

Mein teures Bein

Sie haben mir jetzt eine Chance gegeben. Sie haben mir eine Karte geschrieben, ich soll zum Amt kommen, und ich bin zum Amt gegangen. Auf dem Amt waren sie sehr nett. Sie nahmen meine Karteikarte und sagten: „Hm." Ich sagte auch: „Hm." „Welches Bein?" fragte der Beamte.

„Rechts."

„Ganz?"

„Ganz."

„Hm", machte er wieder. Dann durchsuchte er verschiedene Zettel. Ich durfte mich setzen.

Endlich fand der Mann einen Zettel, der ihm der richtige zu sein schien. Er sagte: „Ich denke, hier ist etwas für Sie. Nette Sache. Sie können dabei sitzen. Schuhputzer in einer Bedürfnisanstalt auf dem Platz der Republik. Wie wäre das?"

„Ich kann nicht Schuhe putzen; ich bin immer schon aufgefallen wegen schlechten Schuhputzens."

„Das können Sie lernen", sagte er. „Man kann alles lernen. Ein Deutscher kann alles. Sie können, wenn Sie wollen, einen kostenlosen Kursus mitmachen."

„Hm", machte ich.

133

„Also gut?"

„Nein", sagte ich, „ich will nicht. Ich will eine höhere Rente[1] haben."

„Sie sind verrückt", erwiderte er sehr freundlich und milde.

„Ich bin nicht verrückt, kein Mensch kann mir mein Bein ersetzen, ich darf nicht einmal mehr Zigaretten verkaufen, sie machen jetzt schon Schwierigkeiten."

Der Mann lehnte sich weit in seinen Stuhl zurück und schöpfte eine Menge Atem. „Mein lieber Freund", legte er los, „Ihr Bein ist ein verflucht teures Bein. Ich sehe, daß Sie neunundzwanzig Jahre sind, von Herzen gesund, überhaupt vollkommen gesund, bis auf das Bein. Sie werden siebzig Jahre alt. Rechnen Sie sich bitte aus, monatlich siebzig Mark, zwölfmal im Jahr, also einundvierzig mal zwölf mal siebzig. Rechnen Sie das bitte aus, ohne die Zinsen, und denken Sie doch nicht, daß Ihr Bein das einzige Bein ist. Sie sind auch nicht der einzige, der wahrscheinlich lange leben wird. Und dann Rente erhöhen! Entschuldigen Sie, aber Sie sind verrückt."

„Mein Herr", sagte ich, lehnte mich nun gleichfalls zurück und schöpfte eine Menge Atem, „ich denke, daß Sie mein Bein stark unterschätzen. Mein Bein ist viel teurer, es ist ein sehr teures Bein. Ich bin nämlich nicht nur von Herzen, sondern leider auch im Kopf vollkommen gesund. Passen Sie mal auf."

„Meine Zeit ist sehr kurz."

„Passen Sie auf!" sagte ich. „Mein Bein hat nämlich einer Menge von Leuten das Leben gerettet, die heute eine nette Rente beziehen.

Die Sache war damals so: Ich lag ganz allein irgendwo vorne und sollte aufpassen, wann sie kämen, damit die anderen zur richtigen Zeit stiften gehen konnten.[2] Die Stäbe hinten waren am Packen und wollten nicht zu früh, aber auch nicht zu spät stiften gehen. Erst waren wir zwei, aber den anderen haben sie totgeschossen, der kostet nichts mehr. Er war zwar verheiratet, aber seine Frau ist gesund und kann arbeiten, Sie brauchen keine Angst zu haben. Der war also furchtbar billig. Er war erst vier Wochen Soldat und hat nichts gekostet als eine Postkarte und ein bißchen Kommißbrot. Das war einmal ein braver Soldat, der hat sich wenigstens richtig totschießen lassen. Nun lag ich aber da allein und hatte Angst, und es war kalt, und ich wollte auch stiften gehen, ja, ich wollte gerade stiften gehen, da . . ."

„Meine Zeit ist sehr kurz", sagte der Mann und fing an, nach seinem Bleistift zu suchen.

„Nein, hören Sie zu", sagte ich, „jetzt wird es erst interessant. Gerade als ich stiften gehen wollte, kam die Sache mit dem Bein. Und weil ich doch liegen bleiben mußte, dachte ich, jetzt kannst du's auch durchgeben, und ich hab's durchgegeben, und sie hauten alle ab, schön der Reihe nach, erst die Division, dann das Regiment, dann das Bataillon, und so weiter, immer hübsch der Reihe nach. Eine dumme Geschichte, sie vergaßen nämlich, mich mitzunehmen, verstehen Sie? Sie hatten's so eilig. Wirklich eine dumme Geschichte, denn hätte ich das Bein nicht verloren, wären sie alle tot, der General, der Oberst, der Major, immer schön der Reihe nach, und Sie brauchten ihnen keine Rente zu zahlen. Nun rechnen Sie mal aus, was mein Bein kostet. Der General ist zweiundfünfzig, der Oberst achtundvierzig und der Major fünfzig, alle kerngesund, von Herzen und im Kopf, und sie werden bei ihrer militärischen Lebensweise mindestens achtzig, wie Hindenburg. Bitte rechnen Sie jetzt aus: einhundertsechzig mal zwölf mal dreißig, sagen wir ruhig durchschnittlich dreißig, nicht wahr? Mein Bein ist ein wahnsinnig teures Bein geworden, eines der teuersten Beine, die ich mir denken kann, verstehen Sie?"

„Sie sind doch verrückt", sagte der Mann.

„Nein", erwiderte ich, „ich bin nicht verrückt. Leider bin ich von Herzen ebenso gesund wie im Kopf, und es ist schade, daß ich nicht auch zwei Minuten, bevor das mit dem Bein kam, totgeschossen wurde. Wir hätten viel Geld gespart."

„Nehmen Sie die Stelle an?" fragte der Mann.

„Nein", sagte ich und ging.

¹ die Rente – pension
² stiften gehen – to do a bunk

Kästner

Die andre Möglichkeit

Wenn wir den Krieg gewonnen hätten,
mit Wogenprall und Sturmgebraus,
dann wäre Deutschland nicht zu retten
und gliche einem Irrenhaus.

Man würde uns nach Noten zähmen
wie einen wilden Völkerstamm.
Wir sprängen, wenn Sergeanten kämen,
vom Trottoir und stünden stramm.

Wenn wir den Krieg gewonnen hätten,
dann wären wir ein stolzer Staat.
Und preßten noch in unsern Betten
die Hände an die Hosennaht.¹

Die Frauen müßten Kinder werfen.
Ein Kind im Jahre. Oder Haft.
Der Staat braucht Kinder als Konserven.
Und Blut schmeckt ihm wie Himbeersaft.

Wenn wir den Krieg gewonnen hätten,
dann wär der Himmel national.
Die Pfarrer trügen Epauletten.
Und Gott wär deutscher General.

Die Grenze wär ein Schützengraben.
Der Mond wär ein Gefreitenknopf.
Wir würden einen Kaiser haben
und einen Helm statt einem Kopf.

Wenn wir den Krieg gewonnen hätten,
dann wäre jedermann Soldat.
Ein Volk von Laffen[2] und Lafretten!
Und ringsherum wär Stacheldraht!

Dann würde auf Befehl geboren.
Weil Menschen ziemlich billig sind.
Und weil man mit Kanonenrohren
allein die Kriege nicht gewinnt.

[1] die Hosennaht – trouser-leg seam
[2] der Laffe – dandy

Verdun, viele Jahre später

Auf den Schlachtfeldern von Verdun
finden die Toten keine Ruhe.
Täglich dringen dort aus der Erde
Helme und Schädel, Schenkel und Schuhe.

Über die Schlachtfelder von Verdun
laufen mit Schaufeln bewaffnete Christen,
kehren Rippen und Köpfe zusammen
und verfrachten[1] die Helden in Kisten.

Oben am Denkmal von Douaumont
liegen zwölftausend Tote im Berge.
Und in den Kisten warten achttausend
Männer vergeblich auf passende Särge.

Und die Bauern packt das Grauen.
Gegen die Toten ist nichts zu erreichen.
Auf den gestern gesäuberten Feldern
liegen morgen zehn neue Leichen.

Diese Gegend ist kein Garten,
und erst recht kein Garten Eden.
Auf den Schlachtfeldern von Verdun
stehn die Toten auf und reden.

Zwischen Ähren und gelben Blumen,
zwischen Unterholz und Farnen
greifen Hände aus dem Boden,
um die Lebenden zu warnen.

Auf den Schlachtfeldern von Verdun
wachsen Leichen als Vermächtnis.[2]
Täglich sagt der Chor der Toten:
„Habt ein besseres Gedächtnis!"

[1] verfrachten – to load, ship
[2] das Vermächtnis – will

Monolog des Blinden

Alle, die vorübergehn,
gehn vorbei.
Sieht mich, weil ich blind bin, keiner stehn?
Und ich steh seit Drei . . .

Jetzt beginnt es noch zu regnen!
Wenn es regnet, ist der Mensch nicht gut.
Wer mir dann begegnet, tut
so, als würde er mir nicht begegnen.

Ohne Augen steh ich in der Stadt.
Und sie dröhnt, als stünde ich am Meer.
Abends lauf ich hinter einem Hunde her,
der mich an der Leine hat.

Meine Augen hatten im August
ihren zwölften Sterbetag.
Warum traf der Splitter nicht die Brust
und das Herz, das nicht mehr mag?

137

Ach, kein Mensch kauft handgemalte
Ansichtskarten, denn ich hab kein Glück.
Einen Groschen, Stück für Stück!
Wo ich selber sieben Pfennig zahlte.

Früher sah ich alles so wie Sie:
Sonne, Blumen, Frau und Stadt.
Und wie meine Mutter ausgesehen hat,
Das vergeß ich nie.

Krieg macht blind. Das sehe ich an mir.
Und es regnet. Und es geht der Wind.
Ist denn keine fremde Mutter hier,
die an ihre eignen Söhne denkt?
Und kein Kind,
dem die Mutter etwas für mich schenkt?

Fantasie von übermorgen

Und als der nächste Krieg begann,
da sagten die Frauen: Nein!
und schlossen Bruder, Sohn und Mann
fest in der Wohnung ein.

Dann zogen sie, in jedem Land,
wohl vor des Hauptmanns Haus
und hielten Stöcke in der Hand
und holten die Kerls heraus.

Sie legten jeden übers Knie,
der diesen Krieg befahl:
die Herren der Bank und Industrie,
den Minister und General.

Da brach so mancher Stock entzwei.
Und manches Großmaul schwieg.
In allen Ländern gab's Geschrei,
und nirgends gab es Krieg.

Die Frauen gingen dann wieder nach Haus,
zum Bruder und Sohn und Mann,
und sagten ihnen, der Krieg sei aus!
Die Männer starrten zum Fenster hinaus
und sahn die Frauen nicht an . . .

Borchert

Das Brot

Plötzlich wachte sie auf. Es war halb drei. Sie überlegte, warum sie aufgewacht war. Ach so! In der Küche hatte jemand gegen einen Stuhl gestoßen. Sie horchte nach der Küche. Es war still. Es war zu still und als sie mit der Hand über das Bett neben sich fuhr, fand sie es leer. Das war es, was es so besonders still gemacht hatte: sein Atem fehlte. Sie stand auf und tappte durch die dunkle Wohnung zur Küche. In der Küche trafen sie sich. Die Uhr war halb drei. Sie sah etwas Weißes am Küchenschrank stehen. Sie machte Licht. Sie standen sich im Hemd gegenüber. Nachts. Um halb drei. In der Küche.

Auf dem Küchentisch stand der Brotteller. Sie sah, daß er sich Brot abgeschnitten hatte. Das Messer lag noch neben dem Teller. Und auf der Decke lagen Brotkrümel. Wenn sie abends zu Bett gingen, machte sie immer das Tischtuch sauber. Jeden Abend. Aber nun lagen Krümel auf dem Tuch. Und das Messer lag da. Sie fühlte, wie die Kälte der Fliesen langsam an ihr hochkroch. Und sie sah von dem Teller weg. „Ich dachte, hier wäre was", sagte er und sah in der Küche umher.

„Ich habe auch was gehört", antwortete sie und dabei fand sie, daß er nachts im Hemd doch schon recht alt aussah. So alt wie er war. Dreiundsechzig. Tagsüber sah er manchmal jünger aus. Sie sieht doch schon alt aus, dachte er, im Hemd sieht sie doch ziemlich alt aus. Aber das liegt vielleicht an den Haaren. Bei den Frauen liegt das nachts immer an den Haaren. Die machen dann auf einmal so alt.

„Du hättest Schuhe anziehen sollen. So barfuß auf den kalten Fliesen. Du erkältest dich noch."

Sie sah ihn nicht an, weil sie nicht ertragen konnte, daß er log. Daß er log, nachdem sie neununddreißig Jahre verheiratet waren.

„Ich dachte, hier wäre was", sagte er noch einmal und sah wieder so sinnlos von einer Ecke in die andere, „ich hörte hier was. Da dachte ich, hier wäre was."

„Ich hab auch was gehört. Aber es war wohl nichts." Sie stellte den Teller vom Tisch und schnippte die Krümel von der Decke.

„Nein, es war wohl nichts", echote er unsicher.

Sie kam ihm zu Hilfe: „Komm man. Das war wohl draußen. Komm man zu Bett. Du erkältest dich noch. Auf den kalten Fliesen."

Er sah zum Fenster hin. „Ja, das muß wohl draußen gewesen sein. Ich dachte, es wäre hier."

139

Sie hob die Hand zum Lichtschalter. Ich muß das Licht jetzt aus-machen, sonst muß ich nach dem Teller sehen, dachte sie. Ich darf doch nicht nach dem Teller sehen. „Komm man", sagte sie und machte das Licht aus, „das war wohl draußen. Die Dachrinne schlägt immer bei Wind gegen die Wand. Es war sicher die Dachrinne. Bei Wind klappert sie immer."

Sie tappten sich beide über den dunklen Korridor zum Schlaf-zimmer. Ihre nackten Füße platschten auf den Fußboden.

„Wind ist ja", meinte er. „Wind war schon die ganze Nacht."

Als sie im Bett lagen, sagte sie: „Ja, Wind war schon die ganze Nacht. Es war wohl die Dachrinne."

„Ja, ich dachte, es wäre in der Küche. Es war wohl die Dachrinne." Er sagte das, als ob er schon halb im Schlaf wäre.

Aber sie merkte, wie unecht seine Stimme klang, wenn er log. „Es ist kalt", sagte sie und gähnte leise, „ich krieche unter die Decke. Gute Nacht."

„Nacht", antwortete er und noch: „ja, kalt ist es schon ganz schön."

Dann war es still. Nach vielen Minuten hörte sie, daß er leise und vorsichtig kaute. Sie atmete absichtlich tief und gleichmäßig, damit er nicht merken sollte, daß sie noch wach war. Aber sein Kauen war so regelmäßig, daß sie davon langsam einschlief.

Als er am nächsten Abend nach Hause kam, schob sie ihm vier Scheiben Brot hin. Sonst hatte er immer nur drei essen können.

„Du kannst ruhig vier essen", sagte sie und ging von der Lampe weg. „Ich kann dieses Brot nicht so recht vertragen. Iß du man eine mehr. Ich vertrag es nicht so gut."

Sie sah, wie er sich tief über den Teller beugte. Er sah nicht auf. In diesem Augenblick tat er ihr leid.

„Du kannst doch nicht nur zwei Scheiben essen", sagte er auf seinen Teller.

„Doch. Abends vertrag ich das Brot nicht gut. Iß man. Iß man."

Erst nach einer Weile setzte sie sich unter die Lampe an den Tisch.

Lesebuchgeschichten

Alle Leute haben eine Nähmaschine, ein Radio, einen Eisschrank und ein Telefon. Was machen wir nun? fragte der Fabrikbesitzer?

Bomben, sagte der Erfinder.

Krieg, sagte der General.

Wenn es denn gar nicht anders geht, sagte der Fabrikbesitzer.

Als der Krieg aus war, kam der Soldat nach Haus. Aber er hatte kein Brot. Da sah er einen, der hatte Brot. Den schlug er tot. Du darfst doch keinen totschlagen, sagte der Richter. Warum nicht, fragte der Soldat.

Es waren mal zwei Menschen. Als sie zwei Jahre alt waren, da schlugen sie sich mit den Händen.
Als sie zwölf waren, schlugen sie sich mit Stöcken und warfen mit Steinen.
Als sie zweiundzwanzig waren, schossen sie mit Gewehren nach einander.
Als sie zweiundvierzig waren, warfen sie mit Bomben.
Als sie zweiundsechzig waren, nahmen sie Bakterien.
Als sie zweiundachtzig waren, da starben sie. Sie wurden nebeneinander begraben.
Als sich nach hundert Jahren ein Regenwurm durch ihre beiden Gräber fraß, merkte er gar nicht, daß hier zwei verschiedene Menschen begraben waren. Es war dieselbe Erde. Alles dieselbe Erde.

Kunst

Beethoven's *Heiligenstadt Testament* was written in 1802; the first signs of deafness had appeared when he was about thirty, and soon after, despite the use of ear-trumpets and specially constructed pianos, he could hear none of the music he composed. The orthography of the original will is inaccurate, the punctuation poor and the syntax often suspect – yet these grammatical shortcomings seem to increase the power of the document. No euphonious, harmonious phrases; instead a scarcely controlled cry. The emotional force of the passage that describes his inability to scream – 'Sprecht lauter, schreit, denn ich bin taub' – can have few parallels in European literature.

Beethoven would have relished Eduard Mörike's *Abschied*, which pokes fun at those intrusive, destructive critics who condemn swiftly and irrelevantly a work they have not even bothered to study. Hugo Wolf relished it too, as the triumphant Viennese waltz tells us when the wretched critic is booted downstairs. Goethe's *Rezensent* is one of several poems he wrote as a young man expressing contempt for critics. It is written in 'Knittelverse' (rhyming couplets of four stresses each), a verse-form used by Hans Sachs. First used in the fifteenth century, it is often associated with humble, honest folk and is here used by Goethe to contrast with the critic's pomposity – notice particularly the elevated *Fremdwort* 'räsonnieren' and the stilted tone of 'die Supp hätt können gewürzter sein'.

Goethe, together with Heine and Brecht, are the poets most fully represented in *Gefunden*. A few of their thoughts on poetry follow.

Gedichte sind gemalte Fensterscheiben is one of Goethe's *Sechzehn Parabeln*, first published in 1827. It does not so much express his attitude to poetry, as his attitude to the readers' approach to poetry. The opening line likens poems to stained-glass windows and this metaphor is then expanded. Poetry can be difficult and may not be appreciated immediately. An effort must be made to understand. If this is done, if the 'heilige Kapelle' is entered, the meaning will suddenly become clear. This sudden revelation is beautifully managed by Goethe; the jarring half-rhyme of the first stanza:

> Das ist alles dunkel und düster;
> Und so sieht's auch der Herr Philister,

142

which reflects so well the philistine's coarseness, is replaced in the second stanza by a very light, perfect rhyme that trips off the tongue:

> Begrüßt die heilige Kapelle;
> Da ist's auf einmal farbig helle,
> Geschicht und Zierat glänzt in Schnelle.

The result is a harmonious sound that is rendered even richer by the very next line which ends with a feminine rhyme identical to the preceding two. We thus have juxtaposed one half-rhyme with three perfect feminine rhymes: the philistine's lack of comprehension is contrasted aurally with the true amateur's complete understanding.

Natur und Kunst, which contains in its penultimate line one of the most quoted of all Goethe's thoughts, is concerned not with the reader, but the poet. Here too endeavour is essential. The process of creation is long and difficult (but see note to *Über allen Gipfeln ist Ruh*, p. 77). Laws – here the laws of the sonnet form – must be accepted if freedom is to be found. The implications of the poem are wide: Goethe is referring to all artistic activity, painting as much as poetry.

Heine's poem, *Prolog*, appeared in 1831 as part of a new cycle of poems entitled *Neuer Frühling*. Perhaps the title is ironic: for the most part these poems are mere variations on the theme of unrequited love that he had exhausted in his earlier poetry (see *Ich grolle nicht* p. 81, *Still ist die Nacht* p. 80, *Das Meer erglänzte weit hinaus* p. 80, *Am fernen Horizonte* p. 80 and *Ein Jüngling liebt ein Mädchen* p. 81). In this prologue to the new volume, Heine is clearly aware of the conflict within him: should he write love lyrics or political poetry, such as *Die schlesischen Weber*. The poem gives no answer but perfectly depicts in metaphoric form his own dilemma. Heine might, perhaps, have had in mind Botticelli's *Venus and Mars* which now hangs in The National Gallery, London.

Brecht, in his poem *Schlechte Zeit für Lyrik*, discusses the subject matter of poetry. In his writings he is forever stressing that the poet must grapple with the problems of his age. Beauty must not be his subject if the world is ugly, and Brecht saw ugliness on all sides. To describe the beauty of a tree in the 1930s is to Brecht criminally romantic:

> Was sind das für Zeiten, wo
> Ein Gespräch über Bäume fast ein Verbrechen ist
> Weil es ein Schweigen über so viele Untaten einschließt.
>
> *(An die Nachgeborenen)*

Fortunately for the reader, Brecht's poems are not so limited, so didactic. With him, as with so many artists, practice does not always follow theory; as we have seen, he does describe the beauty of Nature (*Frühling 1938*, p. 125). And this is particularly well illustrated in the poem *In finsteren Zeiten*, where the walnut tree and the child playing ducks and drakes are vividly described, despite the poet's theoretical refusal to depict such peaceful scenes. Nevertheless, Brecht's resolve to write only about suffering, exploitation and injustice remained with him till his death.

To express these themes he insisted that regular rhyme and regular rhythm were not indispensable.

In meinem Lied ein Reim
Käme mir fast vor wie Übermut

he writes in *Schlechte Zeit für Lyrik*. Regular rhyme and a regular metrical rhythm expressed, for Brecht, harmony, concord. They also sent him to sleep:

Sehr regelmässige Rhythmen hatten auf mich eine mir unangenehme einlullende, einschläfernde Wirkung, man verfiel in eine Art Trance.

In the postscript to the same essay, *Über reimlose Lyrik mit unregelmässigen Rhythmen*, he wrote that he did not see it as his duty, 'all die Disharmonien und Interferenzen, die ich stark empfand, formal zu neutralisieren'.

Brecht's late poetry is here represented by *Die Kelle*, from the cycle *Buchower Elegien* that he wrote in 1953. These are concise works which invite an active response from the reader. One is reminded of the concluding lines to his play *Der gute Mensch von Sezuan:*

Verehrtes Publikum, los, such dir selbst den Schluß!
Es muß ein guter da sein, muß, muß, muß!

Brecht does not explain his symbol in *Die Kelle*. We must come to our own conclusions; the trowel is shattered, but only partially. The bricklayer (the artist) must not succumb submissively, but must act to improve and, where necessary, change society.

Beethoven

Testament

Heiligenstadt, 6 Okt. 1802

Für meine Brüder Karl und (Johann van) Beethoven,

O ihr Menschen, die ihr mich für feindselig, störrisch oder misanthropisch haltet oder erkläret, wie unrecht tut ihr mir, ihr wißt nicht die geheime Ursache von dem, was euch so scheinet. Mein Herz und mein Sinn waren von Kindheit an für das zarte Gefühl des Wohlwollens, selbst große Handlungen zu verrichten, dazu war ich immer aufgelegt. Aber bedenket nur, daß seit sechs Jahren ein heilloser Zustand mich befallen, durch unvernünftige Ärzte verschlimmert, von Jahr zu Jahr in der Hoffnung gebessert zu werden betrogen, endlich zu dem Überblick eines dauernden Übels (dessen Heilung vielleicht Jahre dauern oder gar unmöglich ist) gezwungen, mit einem feurigen lebhaften Temperamente geboren, selbst empfänglich für die Zerstreuungen der Gesellschaft, mußte ich früh mich absondern, einsam mein Leben zubringen; wollte ich auch zuweilen mich einmal über alles das hinaussetzen, o wie hart wurde ich durch die verdoppelte traurige Erfahrung meines schlechten Gehörs dann zurückgestoßen, und doch war's mir noch nicht möglich den Menschen zu sagen: Sprecht lauter, schreit, denn ich bin taub; ach wie wär es möglich, daß ich dann die Schwäche eines Sinnes angeben sollte, der bei mir in einem vollkommneren Grade als bei anderen sein sollte, einen Sinn, den ich einst in der größten Vollkommenheit besaß, in einer Vollkommenheit, wie ihn wenige von meinem Fache gewiß haben, noch gehabt haben. — O ich kann es nicht, drum verzeiht, wenn ihr mich da zurückweichen sehen werdet, wo ich mich gerne unter euch mischte, doppelt wehe tut mir mein Unglück, indem ich dabei verkannt werden muß; für mich darf Erholung in menschlicher Gesellschaft, feinere Unterredungen, wechselseitige Ergießungen nicht statt haben, ganz allein fast nur soviel, als es die höchste Notwendigkeit fordert, darf ich mich in Gesellschaft einlassen, wie ein Verbannter muß ich leben; nahe ich mich einer Gesellschaft, so überfällt mich eine heiße Ängstlichkeit, indem ich befürchte in Gefahr gesetzt zu werden, meinen Zustand merken zu lassen. — So war es denn auch dieses halbe Jahr, was ich auf dem Lande zubrachte; von meinem vernünftigen Arzte aufgefordert, soviel als möglich mein Gehör zu schonen, kam er fast meiner jetzigen natürlichen Disposition entgegen, obschon, vom Triebe zur Gesellschaft manchmal hingerissen, ich mich dazu verleiten ließ. Aber welche Demütigung, wenn jemand neben mir

145

stund und von weitem eine Flöte hörte und ich nichts hörte oder jemand den Hirten singen hörte, und ich auch nichts hörte; solche Ereignisse brachten mich nahe an Verzweiflung, es fehlte wenig, und ich endigte selbst mein Leben. — Nur sie, die Kunst, sie hielt mich zurück, ach es dünkte mir unmöglich, die Welt eher zu verlassen, bis ich das alles hervorgebracht, wozu ich mich aufgelegt fühlte, und so fristete ich dieses elende Leben – wahrhaftig elend, einen so reizbaren Körper, daß eine etwas schnelle Veränderung mich aus dem besten Zustande in den schlechtesten versetzen kann. – Geduld – so heißt es, sie muß ich nun zur Führerin wählen; ich habe es. – Dauernd, hoffe ich, soll mein Entschluß sein, auszuharren, bis es den unerbittlichen Parzen[1] gefällt, den Faden zu brechen; vielleicht geht's besser, vielleicht nicht; ich bin gefaßt. – Schon in meinem 28. Jahre gezwungen Philosoph zu werden, es ist nicht leicht; für den Künstler schwerer als für irgend jemand. Gottheit! du siehst herab auf mein Inneres, du kannst es, du weißt, daß Menschenliebe und Neigung zum Wohltun drin hausen. O Menschen, wenn ihr einst dieses leset, so denkt, daß ihr mir unrecht getan, und der Unglückliche, er tröste sich, einen seinesgleichen zu finden, der trotz allen Hindernissen der Natur, doch noch alles getan, was in seinem Vermögen stand, um in die Reihe würdiger Künstler und Menschen aufgenommen zu werden. – Ihr meine Brüder Karl und Johann, sobald ich tot bin und Professor Schmidt lebt noch, so bittet ihn in meinem Namen, daß er meine Krankheit beschreibe, und dieses hier geschriebene Blatt füget Ihr dieser meiner Krankengeschichte bei, damit wenigstens soviel als möglich die Welt nach meinem Tode mit mir versöhnt werde. – Zugleich erkläre ich Euch beide hier für die Erben des kleinen Vermögens (wenn man es so nennen kann), von mir, teilt es redlich, und vertragt und helft Euch einander; was Ihr mir zuwider getan, das wißt Ihr, war Euch schon längst verziehen; Dir Bruder Karl danke ich noch insbesondere für Deine in dieser letzteren späteren Zeit mir bewiesene Anhänglichkeit; mein Wunsch ist, daß Euch ein besseres sorgenloseres Leben, als mir, werde, empfehlt Euren Kindern Tugend, sie nur allein kann glücklich machen, nicht Geld, ich spreche aus Erfahrung; sie war es, die mich selbst im Elende gehoben, ihr danke ich nebst meiner Kunst, daß ich durch keinen Selbstmord mein Leben endigte. – Lebt wohl und liebt Euch, – allen Freunden danke ich, besonders Fürst Lichnowsky und Professor Schmidt. – Die Instrumente von Fürst L. wünsche ich, daß sie doch mögen aufbewahrt werden bei einem von Euch, doch entstehe deswegen kein Streit unter Euch; sobald sie Euch aber zu was Nützlicherem dienen können, so verkauft sie nur, wie froh bin ich, wenn ich auch noch unter meinem Grabe Euch nützen kann. – So wär's geschehen – mit Freuden eil' ich dem Tode entgegen; – kömmt er früher, als ich Gelegenheit gehabt habe, noch alle meine Kunstfähigkeiten zu entfalten, so wird er mir trotz meinem harten

Schicksal doch noch zu frühe kommen, und ich würde ihn wohl
später wünschen. – Doch auch dann bin ich zufrieden, befreit er
mich nicht von einem endlosen leidenden Zustande? – Komm, wann
du willst, ich gehe dir mutig entgegen. – Lebt wohl und vergeßt mich
nicht ganz im Tode, ich habe es um Euch verdient, indem ich in
meinem Leben oft an Euch gedacht, Euch glücklich zu machen; seid
es. –

Ludwig van Beethoven

[1] die Parzen – fates

Mörike

Abschied

Unangeklopft ein Herr tritt abends bei mir ein:
„Ich habe die Ehr, Ihr Rezensent[1] zu sein."
Sofort nimmt er das Licht in die Hand,
Besieht lang meinen Schatten an der Wand,
Rückt nah und fern: „Nun, lieber junger Mann,
Sehn Sie doch gefälligst mal Ihre Nas so von der Seite an!
Sie geben zu, daß das ein Auswuchs is." —
— Das? Alle Wetter — gewiß!
Ei Hasen! ich dachte nicht,
All mein Lebtage nicht,
Daß ich so eine Weltsnase führt im Gesicht!!

Der Mann sprach noch Verschiednes hin und her,
Ich weiß, auf meine Ehre, nicht mehr;
Meinte vielleicht, ich sollt ihm beichten.
Zuletzt stand er auf; ich tat ihm leuchten.
Wie wir nun an der Treppe sind,
Da geb ich ihm, ganz froh gesinnt,
Einen kleinen Tritt
Nur so von hinten aufs Gesäße mit —
Alle Hagel! ward das ein Gerumpel,
Ein Gepurzel, ein Gehumpel!
Dergleichen hab ich nie gesehn,
All mein Lebtage nicht gesehn,
Einen Menschen so rasch die Trepp hinabgehn!

[1] der Rezensent – critic

Goethe

Rezensent

Da hatt ich einen Kerl zu Gast,
Er war mir eben nicht zur Last;
Ich hatt just mein gewöhnlich Essen,
Hat sich der Kerl pumpsatt gefressen,
Zum Nachtisch, was ich gespeichert hatt.
Und kaum ist mir der Kerl so satt,
Tut ihn der Teufel zum Nachbar führen,
Über mein Essen zu räsonnieren:
„Die Supp hätt können gewürzter sein,
Der Braten brauner, firner[1] der Wein."
Der Tausendsakerment!
Schlagt ihn tot, den Hund! Es ist ein Rezensent.

[1] firner – maturer

Natur und Kunst

Natur und Kunst, sie scheinen sich zu fliehen,
Und haben sich, eh man es denkt, gefunden;
Der Widerwille ist auch mir verschwunden,
Und beide scheinen gleich mich anzuziehen.

Es gilt wohl nur ein redliches Bemühen!
Und wenn wir erst in abgemeßnen Stunden
Mit Geist und Fleiß uns an die Kunst gebunden,
Mag frei Natur im Herzen wieder glühen.

So ists mit aller Bildung auch beschaffen:
Vergebens werden ungebundne Geister
Nach der Vollendung reiner Höhe streben.

Wer Großes will, muß sich zusammenraffen;
In der Beschränkung zeigt sich erst der Meister,
Und das Gesetz nur kann uns Freiheit geben.

*

Gedichte sind gemalte Fensterscheiben!
Sieht man vom Markt in die Kirche hinein,
Da ist alles dunkel und düster;
Und so sieht's auch der Herr Philister:
Der mag denn wohl verdrießlich sein
Und lebenslang verdrießlich bleiben.

Kommt aber nur einmal herein,
Begrüßt die heilige Kapelle;
Da ist's auf einmal farbig helle,
Geschicht und Zierat glänzt in Schnelle,
Bedeutend wirkt ein edler Schein;
Dies wird euch Kindern Gottes taugen,
Erbaut euch und ergetzt die Augen!

Ebner-Eschenbach

Es schreibt keiner wie ein Gott, der nicht gelitten hat wie ein Hund.

Heine

Prolog

In Gemälde-Galerieen
Siehst du oft das Bild des Manns,
Der zum Kampfe wollte ziehen,
Wohlbewehrt mit Schild und Lanz'.

Doch ihn necken Amoretten,
Rauben Lanze ihm und Schwert,
Binden ihn mit Blumenketten,
Wie er auch sich mürrisch wehrt.

So, in holden Hindernissen,
Wind ich mich mit Lust und Leid,
Während andre kämpfen müssen
In dem grossen Kampf der Zeit.

Enfant perdu

Verlorner Posten in dem Freiheitskriege,
Hielt ich seit dreißig Jahren treulich aus.
Ich kämpfe ohne Hoffnung, daß ich siege,
Ich wußte, nie komm ich gesund nach Haus.

Ich wachte Tag und Nacht — Ich konnt nicht schlafen,
Wie in dem Lagerzelt der Freunde Schar —
(Auch hielt das laute Schnarchen dieser Braven
Mich wach, wenn ich ein bißchen schlummrig war).

In jenen Nächten hat Langweil ergriffen
Mich oft, auch Furcht — (nur Narren fürchten nichts) —
Sie zu verscheuchen, hab ich dann gepfiffen
Die frechen Reime eines Spottgedichts.

Ja, wachsam stand ich, das Gewehr im Arme,
Und nahte irgend ein verdächtger Gauch,
So schoß ich gut und jagte ihm eine warme,
Brühwarme Kugel in den schnöden Bauch.

Mitunter freilich mocht es sich ereignen,
Daß solch ein schlechter Gauch gleichfalls sehr gut
Zu schießen wußte — ach, ich kanns nicht leugnen —
Die Wunden klaffen — es verströmt mein Blut.

Ein Posten ist vakant! — Die Wunden klaffen —
Der Eine fällt, die Andern rücken nach —
Doch fall ich unbesiegt, und meine Waffen
Sind nicht gebrochen — Nur mein Herze brach.

Brecht

Die Kelle

Im Traum stand ich auf einem Bau. Ich war
Ein Maurer. In der Hand
Hielt ich eine Kelle.[1] Aber als ich mich bückte
Nach dem Mörtel, fiel ein Schuß
Der riß mir von meiner Kelle
Das halbe Eisen.

[1] die Kelle – trowel

Von allen Werken

Von allen Werken die liebsten
Sind mir die gebrauchten.
Die Kupfergefäße mit den Beulen und den abgeplatteten
    Rändern
Die Messer und Gabeln, deren Holzgriffe
Abgegriffen sind von vielen Händen: solche Formen
Schienen mir die edelsten. So auch die Steinfliesen um alte
    Häuser
Welche niedergetreten sind von vielen Füßen, abgeschliffen
Und zwischen denen Grasbüschel wachsen, das
Sind glückliche Werke.

Eingegangen in den Gebrauch der vielen
Oftmals verändert, verbessern sie ihre Gestalt und werden
    köstlich
Weil oftmals gekostet.
Selbst die Bruchstücke von Plastiken
Mit ihren abgehauenen Händen liebe ich. Auch sie
Lebten mir. Wenn auch fallen gelassen, wurden sie doch getragen.
Wenn auch überrannt, standen sie doch nicht zu hoch.
Die halbzerfallenen Bauwerke
Haben wieder das Aussehen von noch nicht vollendeten
Groß geplanten: ihre schönen Maße
Sind schon zu ahnen; sie bedürfen aber
Noch unseres Verständnisses. Andrerseits
Haben sie schon gedient, ja, sind schon überwunden. Dies alles
Beglückt mich.

Schlechte Zeit für Lyrik

Ich weiß doch: nur der Glückliche
Ist beliebt. Seine Stimme
Hört man gern. Sein Gesicht ist schön.

Der verkrüppelte Baum im Hof
Zeigt auf den schlechten Boden, aber
Die Vorübergehenden schimpfen ihn einen Krüppel
Doch mit Recht.

151

Die grünen Boote und die lustigen Segel des Sundes
Sehe ich nicht. Von allem
Sehe ich nur der Fischer rissiges Garnnetz.

Warum rede ich nur davon
Daß die vierzigjährige Häuslerin gekrümmt geht?
Die Brüste der Mädchen
Sind warm wie ehedem.

In meinem Lied ein Reim
Käme mir fast vor wie Übermut.

In mir streiten sich
Die Begeisterung über den blühenden Apfelbaum
Und das Entsetzen über die Reden des Anstreichers.[1]
Aber nur das zweite
Drängt mich zum Schreibtisch.

[1] der Anstreicher – house-painter. This is a derogatory
reference to Hitler, who did once work as a house-painter

In finsteren Zeiten

Man wird nicht sagen: Als da der Nußbaum sich im Wind
    schüttelte
Sondern: Als da der Anstreicher die Arbeiter niedertrat.
Man wird nicht sagen: Als das Kind den flachen Kiesel
    über die Stromschnelle springen ließ
Sondern: Als da die großen Kriege vorbereitet wurden.
Man wird nicht sagen: Als da die Frau ins Zimmer kam
Sondern: Als da die großen Mächte sich gegen die Arbeiter
    verbündeten.
Aber man wird nicht sagen: Die Zeiten waren finster
Sondern: Warum haben ihre Dichter geschwiegen?

Aphorismen, Anekdoten und Balladen

These are grouped together for several reasons: unlike other sections in *Gefunden* they are best classified by genre, they are all very short, and can all be used in the same way by the teacher. Memorizing is essential to language-learning, and there is no better way of starting than with anecdotes, aphorisms and ballads, for it is here that memorizing is easiest. Having set any of these pieces to be learnt, the teacher can give the class the same piece, but this time with ten, twenty or perhaps thirty omitted words to be filled in. The exercise is enjoyable, relatively easy and linguistically valuable.

It is enjoyable to learn an exciting ballad, a funny anecdote or a slick aphorism because it enables the reader to speak fluently, to impress, to persuade. Most of us are not as eloquent as great writers, but rather wish we were. It is easy, because we are helped by a pronounced rhythm and rhyming scheme. And it is valuable for linguists to learn those pieces that appeal, for they can refer to them again and again to elucidate a tricky point of grammar, and remind themselves about word-order, cases and adjectival endings.

> Soll ich dir die Gegend zeigen
> Mußt du erst das Dach besteigen

is a pleasing paradox and easy to learn. It also contains important information about life, rhythm and subordinate clauses. But the greatest value to linguists of learning an aphorism or a ballad is the way in which it reinforces rhythm. Anyone who has a ballad by heart will have learnt more about rhythm than by reading a hundred newspaper articles.

Some of these ballads have been taken from context. Goethe's *Erlkönig* originally appeared as the opening song of the Singspiel *Die Fischerin* that Goethe wrote for an open-air performance at Weimar. It stands very well by itself, however, and has been interpreted as, amongst many other things, a symbolic expression of the generation gap. *Die Moritat von Mackie Messer, Der Song vom Nein und Ja* and *Die Seeräuber-Jenny* all come from Brecht's *Die Dreigroschenoper*, an adaptation of John Gay's *The Beggar's Opera*. The work, with its nineteen songs composed by Kurt Weill, was published in 1929, and ever since has been rewritten or revised to remain topical and critical of modern German life. Brecht preserves most of Gay's plot, and by setting the action against the background of Victorian London, he can blame London bourgeois society for the creation of a corrupt underworld. The boss of this underworld, Mackie Messer, is described in *Die Moritat von Mackie Messer*; in *Der Song vom Nein und Ja*, Polly Peachum describes how one day she fell in love with Mackie; and in *Die Seeräuber-Jenny*, Jenny paints a vivid, near crazed picture of the revenge she will wreak one day on her tormentors. Kurt Weill's music is very catchy, and it is easy, even for non-musicians, to sing – especially to the accompaniment of a tape.

Sprichwörter

Je höher der Affe steigt,
je mehr er den Hintern zeigt.

Ein junger Arzt muß drei Kirchhöfe haben.

Wer dir lange droht, macht dich nimmer tot.

Ein einzig faules Ei
verdirbt den ganzen Brei.

Dreitägiger Fisch
taugt auf keinem Tisch,
und dreitägiger Gast
wird leicht zur Last.

Lieber will ich ledig leben,
als der Frau die Hosen geben.

Das Gedächtnis ist eine gute Tasche, aber sie zerreißt, wenn einer
zuviel hineinstopft.

Kein Haus ohne Maus.

Heiraten in Eile
bereut man mit Weile.

Der Honig ist nicht weit vom Stachel.

Spitzes Kinn, böser Sinn.

Lehrjahre — Schwerjahre.

Leichenpredigt — Lügenpredigt.

Seine Pflichten nie versäumen,
ist mehr, als große Dinge träumen.

Der beste Prediger ist die Zeit.

Wer länger schläft als sieben Stund,
verschläft sein Leben wie ein Hund.

Den eignen Wind riecht jeder gern.

Busch

Dumme Gedanken hat jeder, nur der Weise verschweigt sie.

Der Doktor sieht aus dem Fenster: Noch immer kein Ostwind?
Noch immer keine Lungenentzündung!?

Er mußte erst mit dem Kopf gegen die Bäume rennen, ehe er merkte,
daß er auf dem Holzweg[1] war.

„Bitte treten Sie näher!" sagte der Teufel.

Wer zu spät kommt, sieht nach der Uhr.

Manche Wahrheiten sollen nicht, manche brauchen nicht, manche
müßen nicht gesagt werden.

[1] auf dem Holzweg sein – to bark up the wrong tree

Goethe

Es bildet ein Talent sich in der Stille,
Sich ein Charakter in dem Strom der Welt.

Wer ist ein unbrauchbarer Mann?
Der nicht befehlen und auch nicht gehorchen kann.

Mir gäb es keine größre Pein,
Wär ich im Paradies allein.

Alles in der Welt läßt sich ertragen,
Nur nicht eine Reihe von schönen Tagen.

Welche Regierung die beste sei? Diejenige, die uns lehrt, uns selbst zu
regieren.

Soll ich dir die Gegend zeigen,
Mußt du erst das Dach besteigen.

Ebner-Eschenbach

Wer nichts weiß, muß alles glauben.

Der Genius weist den Weg, das Talent geht ihn.

Je mehr du dich selbst liebst, je mehr bist du dein eigener Feind.

Die meisten Menschen brauchen mehr Liebe, als sie verdienen.

Die Menschen, denen wir eine Stütze sind, die geben uns den Halt im Leben.

Der Weise ist selten klug.

Kraus

Eine Frau, die nicht häßlich sein kann, ist nicht schön.

Tucholsky

Die meisten Hotels verkaufen etwas, was sie gar nicht haben: Ruhe.

Golf, sagte einmal jemand, ist ein verdorbener Spaziergang.

Nietzsche

Für Tänzer

Glattes Eis
ein Paradeis
für den, der gut zu tanzen weiß.

Verdruß des Stolzen

Wer stolz ist, haßt sogar das Pferd,
das seinen Wagen vorwärts fährt.

Timon spricht

„Nicht zu freigebig: nur Hunde
sch . . . zu jeder Stunde!"

Aufwärts

„Wie komm ich am besten den Berg hinan?"
Steig nur hinauf und denk nicht dran!

Schmale Seelen

Schmale Seelen sind mir verhaßt:
da steht nichts Gutes, nichts Böses fast.

Gegen die Hoffart

Blas dich nicht auf: sonst bringet dich
zum Platzen schon ein kleiner Stich.

Heckmann

Das Henkersmahl

Freß ich mich arm: und sauff mich zu tod,
so hab ich gewiß gewalt über den Tod.

Johann Fischart

Auf die Frage, welches sein letzter Wunsch sei, antwortete er ohne
Umschweife, er wolle sich noch einmal satt essen, ehe man ihn vom
Leben in den Tod bringe. „Satt", wiederholte er und deutete auf
seinen mageren Leib, der krumm und mit Schwären überdeckt an
der Kerkermauer lehnte. „Satt", sagte er zum dritten Mal und hob
die Hände mit den Ketten bis zur Mundhöhe. Die Wächter lachten
übermütig und versprachen ihm ein fürstliches Mahl mit silbernen
Löffeln und Gabeln, die er jedoch dann nicht mehr stehlen könne.
  „Wir werden dir etwas auftischen, daß du weißt, was du in der
Hose hast."

Sie ergingen sich in saftigen Schilderungen opulenter Speisen, daß dem Delinquenten das Wasser im Munde zusammenlief. Sie priesen das Spanferkel, den Ochsen am Spieß, die fetten Hämmel, gebratene Tauben und Kapaune – und stießen sich an, wenn ihr Opfer die Augen lüstern verdrehte.

„Macht schon!"

Wieder mit sich allein, hatte der zum Tode Verurteilte plötzlich die Vorstellung, alles, ja rundherum alles, sei eßbar, er preßte den Mund an die Mauer und riß sich die Lippen blutig. Kraftlos sank er auf sein Lager zurück und träumte von offenen Mündern.

Als sie ihn dann zum Essen weckten, konnte er kaum den Löffel führen. Sein Kopf sank bis in Tellernähe, und der Dampf von sauren Kutteln stieg in seine Nase. Die Wächter hockten sich vor ihm hin und beobachteten, wie er erst langsam und zittrig, dann zuversichtlicher den Löffel handhabe, die Backen vollstopfte und versonnen kaute, mit jedem Bissen mehr Übersicht gewinnend. Bald war der Teller leer, der Humpen[1] vakant, das Maul gewischt, aber der Hunger ungebrochen. Um mehr bat er und streckte seine Glieder, so daß die Ketten klirrten.

„Es sei dir gewährt", sagten die Wächter und brachten neue Schüsseln herbei und jungfräuliche Flaschen. Sie lachten, als sie das tapfere Zupacken ihres Opfers sahen, wetteten untereinander, wieviel er noch verschlingen könne. „Es gilt."

Und es galt, er kaute, schluckte, rülpste und schnaufte.

„Tapfer!" schrien sie.

„Mehr!" sagte er und aß, was ihm vorgesetzt wurde, aß und aß.

„Er wird uns noch die Haare vom Kopfe fressen." Aber sehr bald wurde ihre Freude kleinlaut. Längst schon waren die Ketten von seinen Händen und Füßen gesprungen, sein Leib dehnte sich, schon aß er mit der Wildheit eines Scheunendreschers und wuchs zur Decke hin. Der Schemel krachte unter ihm zusammen. In furchtbarer Nacktheit stand er da. Die Wächter flohen aus der Zelle, aber unverdrossen aß er weiter und zwang seine Bewacher, ihm immer mehr aufzutischen, sei es, was es wolle. Sie taten es ängstlich und blieben außer Reichweite seines Löffels, zitterten, wenn er vor Hunger schrie.

Die Decke barst über seinem Kopf, das Dach brach auseinander, es kümmerte ihn wenig, er aß. Seine Wächter verschlang er mit den Trümmern, er verschlang Straßen und Häuser, den Richter samt seiner Frau, spülte sie mit dem Fluß hinunter. Sein Adamsapfel hatte die Größe einer Kirchglocke. Der Schatten seines unförmigen Körpers wächst drohend über das Land. Ich habe gerade noch Zeit, dies niederzuschreiben. Ich höre das Donnern von Schritten, die Erde ächzt. Der Hunger sei mir gnädig.

[1] der Humpen – tankard

Hebel

Wasserläufer

Bekanntlich will es Leute geben, die im Wasser nicht untergehen.
Einer erzählte in einem Wirtshaus, er sei in Italien von der Insel
Capri aus eine halbe Stunde weit aufrecht durch das Mittelländische
Meer gegangen, und das Wasser sei ihm nicht höher gegangen als an
die Brust. Mit der linken Hand habe er Tabak geraucht, nämlich die
Pfeife gehalten, und mit der rechten ein wenig gerudert.
Ein anderer sagte: „Das ist eine Kleinigkeit. Im Krieg in den
neunziger Jahren ist ein ganzes Bataillon Rotmäntler oberhalb
Mannheim aufrecht über den Rhein marschiert, und das Wasser
reichte keinem höher als bis an die Knie."
Ein dritter sagte: „Solches war keine Kunst. Denn sie hatten
selbigen Tag, als sie am Rhein ankamen, schon einen Marsch von
zwanzig Stunden zurückgelegt. So haben sie davon solche Blasen an
den Füßen bekommen, daß es ihnen nicht möglich war, tiefer als so
im Wasser zu sinken."

Dankbarkeit

In der Seeschlacht von Trafalgar, während die Kugeln sausten und
die Mastbäume krachten, fand ein Matrose noch Zeit zu kratzen, wo
es ihn biß, nämlich auf dem Kopf. Auf einmal streifte er mit zusam-
mengelegtem Daumen und Zeigefinger bedächtig an einem Haare
herab und ließ ein armes Tierlein, das er zum Gefangenen gemacht
hatte, auf den Boden fallen. Aber indem er sich niederbückte, um
ihm den Garaus zu machen,[1] flog eine feindliche Kanonenkugel ihm
über den Rücken weg, paff, in das benachbarte Schiff. Da ergriff den
Matrosen ein dankbares Gefühl, und überzeugt, daß er von dieser
Kugel wäre zerschmettert worden, wenn er sich nicht nach dem
Tierlein gebückt hätte, hob er es schonend von dem Boden auf und
setzte es wieder auf den Kopf. „Weil du mir das Leben gerettet hast",
sagte er; „aber laß dich nicht zum zweiten Mal attrappieren, denn
ich kenne dich nimmer."

[1] den Garaus machen – to kill

160

Die leichteste Todesstrafe

Man hat gemeint, die Guillotine seis. Aber nein! Ein Mann, der sonst seinem Vaterland viele Dienste geleistet hatte und bei dem Fürsten wohl angeschrieben war, wurde wegen eines Verbrechens, das er in der Leidenschaft begangen hatte, zum Tode verurteilt. Da half nicht Bitten, nicht Beten. Weil er aber sonst bei dem Fürsten wohl angeschrieben war, ließ ihm derselbe die Wahl, wie er am liebsten sterben wolle; denn welche Todesart er wählen würde, die sollte ihm werden. Also kam zu ihm in den Turn der Oberamtsschreiber: „Der Herzog will Euch eine Gnade erweisen. Wenn Ihr wollt gerädert sein, will er Euch rädern lassen; wenn Ihr wollt gehenkt sein, will er Euch henken lassen. Es hängen zwar schon zwei am Galgen, aber bekanntlich ist er dreischläferig. Wenn Ihr aber wollt lieber Rattenpulver essen, der Apotheker hat. Denn welche Todesart Ihr wählen werdet, sagt der Herzog, die soll Euch werden. Aber sterben müßt Ihr, das werdet Ihr wissen." Da sagte der Malefikant: „Wenn ich denn doch sterben muß, das Rädern ist ein biegsamer Tod, und das Henken, wenn besonders der Wind geht, ein beweglicher. Aber Ihr verstehts doch nicht recht. Meines Orts, ich habe immer geglaubt, der Tod aus Altersschwäche sei der sanfteste, und den will ich denn auch wählen und keinen andern", und dabei blieb er und ließ sichs nicht ausreden. Da mußte man ihn wieder laufen und fortleben lassen, bis er an Altersschwäche selber starb. Denn der Herzog sagte: „Ich habe mein Wort gegeben, so will ichs auch nicht brechen."

Dies Stücklein ist von der Schwiegermutter, die niemand gerne umkommen läßt, wenn sie ihn retten kann.

Hohes Alter

In Schottland gibt es Leute, welche sehr alt werden. Ein Reisender begegnete einmal einem betagten Sechziger, welcher schluchzte. Auf die Frage, was ihm fehle, sagte dieser: der Vater habe ihm eine Ohrfeige gegeben. Das kam dem Fremden fast unglaublich vor, daß ein Mann von solchen Jahren noch einen Vater am Leben haben und noch unter seiner Zucht stehen soll. Als er ihn aber nach der Ursache der Ohrfeige fragte, so sagte der Sechziger: drum habe er den Großvater schier fallen lassen, als er ihm habe sollen ins Bett helfen. Als das der Fremde hörte, ließ er sich von dem Mann ins Haus führen, ob es auch so sei, wie er sagte. Ja, es war so. Der Bube war zweiundsechzig Jahre alt, der Vater sechsundneunzig, und der Großvater hundertdreißig. Und der Fremde sagte nachher, als er es wiedererzählte: es werde einem ganz kurios zumute, wenn man so zweihundertachtundachtzig Jahre beieinander in einem Stüblein sehe.

Kleist

Sonderbarer Rechtsfall in England

Man weiß, daß in England jeder Beklagte zwölf Geschworne von seinem Stande zu Richtern hat, deren Ausspruch einstimmig sein muß, und die, damit die Entscheidung sich nicht zu sehr in die Länge verziehe, ohne Essen und Trinken so lange eingeschlossen bleiben, bis sie eines Sinnes sind. Zwei Gentlemen, die einige Meilen von London lebten, hatten in Gegenwart von Zeugen einen sehr lebhaften Streit miteinander; der eine drohte dem andern, und setzte hinzu, daß ehe vierundzwanzig Stunden vergingen, ihn sein Betragen reuen solle. Gegen Abend wurde dieser Edelmann erschossen gefunden; der Verdacht fiel natürlich auf den, der die Drohungen gegen ihn ausgestoßen hatte. Man brachte ihn zu gefänglicher Haft, das Gericht wurde gehalten, es fanden sich noch mehrere Beweise, und 11 Beisitzer verdammten ihn zum Tode; allein der zwölfte bestand hartnäckig darauf, nicht einzuwilligen, weil er ihn für unschuldig hielte.

Seine Kollegen baten ihn, Gründe anzuführen, warum er dies glaubte; allein er ließ sich nicht darauf ein, und beharrte bei seiner Meinung. Es war schon spät in der Nacht, und der Hunger plagte die Richter heftig; einer stand endlich auf, und meinte, daß es besser sei, einen Schuldigen loszusprechen, als 11 Unschuldige verhungern zu lassen; man fertigte also die Begnadigung aus, führte aber auch zugleich die Umstände an, die das Gericht dazu gezwungen hätten. Das ganze Publikum war wider den einzigen Starrkopf; die Sache kam sogar vor den König, der ihn zu sprechen verlangte; der Edelmann erschien, und nachdem er sich vom Könige das Wort geben lassen, daß seine Aufrichtigkeit nicht von nachteiligen Folgen für ihn sein sollte, so erzählte er dem Monarchen, daß, als er im Dunkeln von der Jagd gekommen, und sein Gewehr losgeschossen, es unglücklicherweise diesen Edelmann, der hinter einem Busche gestanden, getötet habe. Da ich, fuhr er fort, weder Zeugen meiner Tat, noch meiner Unschuld hatte, so beschloß ich, Stillschweigen zu beobachten; aber als ich hörte, daß man einen Unschuldigen anklagte, so wandte ich alles an, um einer von den Geschworenen zu werden; fest entschlossen, eher zu verhungern, als den Beklagten umkommen zu lassen. Der König hielt sein Wort, und der Edelmann bekam seine Begnadigung.

Anekdote

Ein Kapuziner[1] begleitete einen Schwaben bei sehr regnichtem Wetter zum Galgen. Der Verurteilte klagte unterwegs mehrmal zu Gott, daß er, bei so schlechtem und unfreundlichem Wetter, einen so sauren Gang tun müsse. Der Kapuziner wollte ihn christlich trösten und sagte: du Lump, was klagst du viel, du brauchst doch bloß hinzugehen, ich aber muß, bei diesem Wetter, wieder zurück, denselben Weg. – Wer es empfunden hat, wie öde einem, auch selbst an einem schönen Tage, der Rückweg vom Richtplatz wird, der wird den Ausspruch des Kapuziners nicht so dumm finden.

[1] der Kapuziner – Capuchin friar

Anekdote

Zwei berühmte englische Baxer,[1] der eine aus Portsmouth gebürtig, der andere aus Plymouth, die seit vielen Jahren voneinander gehört hatten, ohne sich zu sehen, beschlossen, da sie in London zusammentrafen, zur Entscheidung der Frage, wem von ihnen der Siegerruhm gebühre, einen öffentlichen Wettkampf zu halten. Demnach stellten sich beide, im Angesicht des Volks, mit geballten Fäusten, im Garten einer Kneipe, gegeneinander; und als der Plymouther den Portsmouther, in wenig Augenblicken, dergestalt[2] auf die Brust traf, daß er Blut spie, rief dieser, indem er sich den Mund abwischte: brav! – Als aber bald darauf, da sie sich wieder gestellt hatten, der Portsmouther den Plymouther, mit der Faust der geballten Rechten, dergestalt auf den Leib traf, daß dieser, indem er die Augen verkehrte, umfiel, rief der letztere: das ist auch nicht übel –! Worauf das Volk, das im Kreise herumstand, laut aufjauchzte, und während der Plymouther, der an den Gedärmen verletzt worden war, tot weggetragen ward, dem Portsmouther den Siegsruhm zuerkannte. – Der Portsmouther soll aber auch Tags darauf am Blutsturz gestorben sein.

[1] der Baxer – boxer   [2] dergestalt – with such might

Tucholsky

Der Floh

Im Departement du Gard – ganz richtig, da, wo Nîmes liegt und der Pont du Gard: im südlichen Frankreich – da saß in einem Postbüro ein älteres Fräulein als Beamtin, die hatte eine böse Angewohnheit:

sie machte ein bißchen die Briefe auf und las sie. Das wußte alle Welt. Aber wie das so in Frankreich geht: Concierge, Telefon und Post, das sind geheiligte Institutionen, und daran kann man schon rühren, aber daran darf man nicht rühren, und so tut es denn auch keiner.

Das Fräulein also las die Briefe und bereitete mit ihren Indiskretionen den Leuten manchen Kummer.

Im Departement wohnte auf einem schönen Schlosse ein kluger Graf. Grafen sind manchmal klug, in Frankreich. Und dieser Graf tat eines Tages folgendes:

Er bestellte sich einen Gerichtsvollzieher[1] auf das Schloß und schrieb in seiner Gegenwart an einen Freund:

Lieber Freund!

Da ich weiß, daß das Postfräulein Emilie Dupont dauernd unsre Briefe öffnet und sie liest, weil sie vor lauter Neugier platzt, so sende ich Dir anliegend, um ihr einmal das Handwerk zu legen, einen lebendigen Floh.

Mit vielen schönen Grüßen   Graf Koks

Und diesen Brief verschloß er in Gegenwart des Gerichtsvollziehers. Er legte aber keinen Floh hinein.

Als der Brief ankam, war einer drin.

[1] der Gerichtsvollzieher – sheriff

Goethe

Erlkönig

Wer reitet so spät durch Nacht und Wind?
Es ist der Vater mit seinem Kind;
Er hat den Knaben wohl in dem Arm,
Er faßt ihn sicher, er hält ihn warm.

„Mein Sohn, was birgst du so bang dein Gesicht?"
„Siehst, Vater, du den Erlkönig nicht?
Den Erlenkönig mit Kron und Schweif?"
„Mein Sohn, es ist ein Nebelstreif."

„Du liebes Kind, komm, geh mit mir!
Gar schöne Spiele spiel ich mit dir;
Manch bunte Blumen sind an dem Strand;
Meine Mutter hat manch gülden Gewand."

„Mein Vater, mein Vater, und hörest du nicht,
Was Erlenkönig mir leise verspricht?"
„Sei ruhig, bleibe ruhig, mein Kind;
In dürren Blättern säuselt der Wind."

„Willst, feiner Knabe, du mit mir gehn?
Meine Töchter sollen dich warten schön;
Meine Töchter führen den nächtlichen Reihn
Und wiegen und tanzen und singen dich ein."

„Mein Vater, mein Vater, und siehst du nicht dort
Erlkönigs Töchter am düstern Ort?"
„Mein Sohn, mein Sohn, ich seh es genau:
Es scheinen die alten Weiden so grau."

„Ich liebe dich, mich reizt deine schöne Gestalt;
Und bist du nicht willig, so brauch ich Gewalt."
„Mein Vater, mein Vater, jetzt faßt er mich an!
Erlkönig hat mir ein Leids getan!"

Dem Vater grauset's, er reitet geschwind,
Er hält in Armen das ächzende Kind,
Erreicht den Hof mit Mühe und Not;
In seinen Armen das Kind war tot.

Herder

Erlkönigs Tochter

Herr Oluf reitet spät und weit,
Zu bieten auf seine Hochzeitsleut';

Da tanzen die Elfen auf grünem Land,
Erlkönigs Tochter reicht ihm die Hand.

„Willkommen, Herr Oluf, was eilst von hier?
Tritt her in den Reihen und tanz' mit mir."

„Ich darf nicht tanzen, nicht tanzen ich mag,
Frühmorgen ist mein Hochzeitstag."

„Hör' an, Herr Oluf, tritt tanzen mit mir,
Zwei güldne Sporen schenk' ich dir.

Ein Hemd von Seide so weiß und fein,
Meine Mutter bleicht's mit Mondenschein."

„Ich darf nicht tanzen, nicht tanzen ich mag,
Frühmorgen ist mein Hochzeitstag."

„Hör' an, Herr Oluf, tritt tanzen mit mir,
Einen Haufen Goldes schenk' ich dir."

„Einen Haufen Goldes nähm' ich wohl;
Doch tanzen ich nicht darf noch soll."

„Und willt, Herr Oluf, nicht tanzen mit mir:
Soll Seuch' und Krankheit folgen dir."

Sie tät einen Schlag ihm auf sein Herz,
Noch nimmer fühlt' er solchen Schmerz.

Sie hob ihn bleichend auf sein Pferd,
„Reit heim nun zu deinm Fräulein wert."

Und als er kam vor Hauses Tür,
Seine Mutter zitternd stand dafür.

„Hör' an, mein Sohn, sag' an mir gleich,
Wie ist dein' Farbe blaß und bleich?"

„Und sollt' sie nicht sein blaß und bleich?
Ich traf in Erlenkönigs Reich."

„Hör' an, mein Sohn, so lieb und traut,
Was soll ich nun sagen deiner Braut?"

„Sagt ihr, ich sei im Wald zur Stund',
Zu proben da mein Pferd und Hund."

Frühmorgen, als es Tag kaum war,
Da kam die Braut mit der Hochzeitsschar.

Sie schenkten Met, sie schenkten Wein.
„Wo ist Herr Oluf, der Bräut'gam mein?"

„Herr Oluf, er ritt in Wald zur Stund',
Er probt allda sein Pferd und Hund."

Die Braut hob auf den Scharlach rot,
Da lag Herr Oluf und er war tot.

Edward

„Dein Schwert, wie ist's von Blut so rot?
    Edward, Edward!
Dein Schwert, wie ist's von Blut so rot,
    Und gehst so traurig da! – O!"
„Ich hab' geschlagen meinen Geier tot,
    Mutter, Mutter!
Ich hab' geschlagen meinen Geier tot,
    Und das, das geht mir nah! – O!"

„Deins Geiers Blut ist nicht so rot;
    Edward, Edward!
Deins Geiers Blut ist nicht so rot,
    Mein Sohn, bekenn's mir frei – O!"
„Ich hab' geschlagen mein Rotroß tot!
    Mutter, Mutter!
Ich hab' geschlagen mein Rotroß tot,
    Und 's war so stolz und treu! – O!"

„Dein Roß war alt, und hast's nicht not!
    Edward, Edward!
Dein Roß war alt, und hast's nicht not!
    Dich drückt ein anderer Schmerz. – O!"
„Ich hab' geschlagen meinen Vater tot!
    Mutter, Mutter!
Ich hab' geschlagen meinen Vater tot,
    Und das, das quält mein Herz. – O!"

„Und was wirst du nun an dir tun?
    Edward, Edward!
Und was wirst du nun an dir tun?
    Mein Sohn, bekenn' mir mehr! – O!"
„Auf Erden soll mein Fuß nicht ruhn!
    Mutter, Mutter!
Auf Erden soll mein Fuß nicht ruhn!
    Will wandern über Meer! – O!"

„Und was soll werden dein Hof und Hall'?
    Edward, Edward!
Und was soll werden dein Hof und Hall',
    So herrlich sonst und schön! – O!"
„Ach! immer steh's und sink' und fall'!
    Mutter, Mutter!
Ach immer steh's und sink' und fall',
    Ich werd' es nimmer sehn. – O!"

„Und was soll werden dein Weib und Kind?
    Edward, Edward!
Und was soll werden dein Weib und Kind.
    Wann du gehst über Meer? – O!"
„Die Welt is groß! Laß sie betteln drin!
    Mutter, Mutter!
Die Welt ist groß! Laß sie betteln drin,
    Ich seh' sie nimmermehr! – O!"

„Und was soll deine Mutter tun?
    Edward, Edward!
Und was soll deine Mutter tun?
    Mein Sohn, das sage mir! – O!"
„Der Fluch der Hölle soll auf Euch ruhn!
    Mutter, Mutter!
Der Fluch der Hölle soll auf Euch ruhn!
    Denn Ihr, Ihr rietet's mir! – O!"

Brentano

Loreley

Zu Bacharach am Rheine
wohnt' eine Zauberin,
die war so schön und feine
und riß viel Herzen hin.

Und machte viel zuschanden
der Männer rings umher,
aus ihren Liebesbanden
war keine Rettung mehr!

Der Bischof ließ sie laden
vor geistliche Gewalt
und mußte sie begnaden,
so schön war ihr' Gestalt.

Er sprach zu ihr gerühret:
„Du arme Lore Lay!
Wer hat dich denn verführet
zu böser Zauberei?"

„Herr Bischof, laßt mich sterben,
ich bin des Lebens müd,
weil jeder muß verderben,
der meine Augen sieht!

Die Augen sind zwei Flammen,
mein Arm ein Zauberstab –
o schickt mich in die Flammen,
o brechet mir den Stab!"[1]

„Ich kann dich nicht verdammen,
bis du mir erst bekennt,
warum in deinen Flammen
mein eignes Herz schon brennt!

Den Stab kann ich nicht brechen,
du schöne Lore Lay!
Ich müßte dann zerbrechen
mein eigen Herz entzwei!"

„Herr Bischof, mit mir Armen
treibt nicht so bösen Spott
und bittet um Erbarmen
für mich den lieben Gott!

Ich darf nicht länger leben,
ich liebe keinen mehr, –
den Tod sollt Ihr mir geben,
drum kam ich zu Euch her!

Mein Schatz hat mich betrogen,
hat sich von mir gewandt,
ist fort von mir gezogen,
fort in ein fremdes Land.

Die Augen sanft und wilde,
die Wangen rot und weiß,
die Worte still und milde,
das ist mein Zauberkreis.

Ich selbst muß drin verderben,
das Herz tut mir so weh,
vor Schmerzen möcht' ich sterben,
wenn ich mein Bildnis seh'.

Drum laßt mein Recht mich finden,
mich sterben wie ein Christ,
denn alles muß verschwinden,
weil er nicht bei mir ist!"

Drei Ritter läßt er holen:
„Bringt sie ins Kloster hin!
Geh, Lore! Gott befohlen
sei dein berückter Sinn!

Du sollst ein Nönnchen werden,
ein Nönnchen schwarz und weiß,
bereite dich auf Erden
zu deines Todes Reis'!"

Zum Kloster sie nun ritten,
die Ritter alle drei
und traurig in der Mitten
die schöne Lore Lay.

„O Ritter, laßt mich gehen
auf diesen Felsen groß,
ich will noch einmal sehen
nach meines Lieben Schloß.

Ich will noch einmal sehen
wohl in den tiefen Rhein
und dann ins Kloster gehen
und Gottes Jungfrau sein!"

Der Felsen ist so jähe,
so steil ist seine Wand,
doch klimmt sie in die Höhe,
bis daß sie oben stand.

Es binden die drei Reiter
die Rosse unten an
und klettern immer weiter
zum Felsen auch hinan.

Die Jungfrau sprach: „Da gehet
ein Schifflein auf dem Rhein,
der in dem Schifflein stehet,
Der soll mein Liebster sein!

Mein Herz wird mir so munter,
er muß mein Liebster sein!" –
Da lehnt sie sich hinunter
und stürzet in den Rhein.

Die Ritter mußten sterben,
sie konnten nicht hinab;
sie mußten all' verderben,
ohn' Priester und ohn' Grab!

Wer hat dies Lied gesungen?
Ein Schiffer auf dem Rhein,
und immer hat's geklungen
von dem Dreiritterstein:

    Lore Lay!
    Lore Lay!
    Lore Lay!
Als wären es meiner drei!

¹ den Stab brechen – to pass sentence of death

Heine

Die Lorelei

Ich weiß nicht, was soll es bedeuten,
daß ich so traurig bin;
ein Märchen aus alten Zeiten,
das kommt mir nicht aus dem Sinn.

Die Luft ist kühl und es dunkelt,
und ruhig fließt der Rhein;
der Gipfel des Berges funkelt
im Abendsonnenschein.

Die schönste Jungfrau sitzet
dort oben wunderbar;
ihr goldnes Geschmeide blitzet,
sie kämmt ihr goldenes Haar.

Sie kämmt es mit goldenem Kamme
und singt ein Lied dabei;
das hat eine wundersame,
gewaltige Melodei.

Den Schiffer im kleinen Schiffe
ergreift es mit wildem Weh;
er schaut nicht die Felsenriffe,
er schaut nur hinauf in die Höh'.

Ich glaube, die Wellen verschlingen
am Ende Schiffer und Kahn;
und das hat mit ihrem Singen
die Lore-Ley getan.

Eichendorff

Waldgespräch

Es ist schon spät, es wird schon kalt,
was reitst du einsam durch den Wald?
Der Wald ist lang, du bist allein,
du schöne Braut! Ich führ' dich heim!

„Groß ist der Männer Trug und List,
vor Schmerz mein Herz gebrochen ist,
wohl irrt das Waldhorn her und hin,
o flieh! Du weißt nicht, wer ich bin."

So reich geschmückt ist Roß und Weib,
so wunderschön der junge Leib,
jetzt kenn' ich dich – Gott steh' mir bei!
Du bist die Hexe Lorelei.

„Du kennst mich wohl – von hohem Stein
schaut still mein Schloß tief in den Rhein.
Es ist schon spät, es wird schon kalt,
kommst nimmermehr aus diesem Wald!"

Fontane

Tom der Reimer

Der Reimer Thomas lag am Bach,
Am Kieselbach bei Huntly Schloß.
Da sah er eine blonde Frau,
Die saß auf einem weißen Roß.

Sie saß auf einem weißen Roß,
Die Mähne war geflochten fein,
Und hell an jeder Flechte hing
Ein silberblankes Glöckelein.

Und Tom der Reimer zog den Hut
Und fiel aufs Knie, er grüßt und spricht:
Du bist die Himmelskönigin!
Du bist von dieser Erde nicht!

Die blonde Frau hält an ihr Roß:
Ich will dir sagen, wer ich bin;
Ich bin die Himmelsjungfrau nicht,
Ich bin die Elfenkönigin!

Nimm deine Harf und spiel und sing
Und laß dein bestes Lied erschalln!
Doch wenn du meine Lippe küßt,
Bist du mir sieben Jahr verfalln!

Wohl! Sieben Jahr, o Königin,
Zu dienen dir, es schreckt mich kaum!
Er küßte sie, sie küßte ihn,
Ein Vogel sang im Eschenbaum.

173

Nun bist du mein, nun zieh mit mir,
Nun bist du mein auf sieben Jahr.
Sie ritten durch den grünen Wald,
Wie glücklich da der Reimer war!

Sie ritten durch den grünen Wald
Bei Vogelsang und Sonnenschein,
Und wenn sie leicht am Zügel zog,
So klangen hell die Glöckelein.

John Maynard

John Maynard!

„Wer ist John Maynard?“
„John Maynard war unser Steuermann,
Aushielt er, bis er das Ufer gewann,
Er hat uns gerettet, er trägt die Kron',
Er starb für uns, unsre Liebe sein Lohn.
    John Maynard!“

Die „Schwalbe“ fliegt über die Erie-See,
Gischt schäumt um den Bug wie Flocken von Schnee,
Von Detroit fliegt sie nach Buffalo –
Die Herzen aber sind frei und froh,
Und die Passagiere mit Kindern und Fraun
Im Dämmerlicht schon das Ufer schaun,
Und plaudernd an John Maynard heran
Tritt alles: „Wie weit noch, Steuermann?“
Der schaut nach vorn und schaut in die Rund':
„Noch dreißig Minuten . . . Halbe Stund'.“

Alle Herzen sind froh, alle Herzen sind frei –
Da klingt's aus dem Schiffsraum her wie Schrei,
„Feuer!“ war es, was da klang.
Ein Qualm aus Kajüt' und Luke drang,
Ein Qualm, dann Flammen lichterloh,
Und noch zwanzig Minuten bis Buffalo.

Und die Passagiere, buntgemengt,
Am Bugspriet stehn sie zusammengedrängt,
Am Bugspriet vorn ist noch Luft und Licht,
Am Steuer aber lagert sich's dicht,
Und ein Jammern wird laut: „Wo sind wir? wo?"
Und noch fünfzehn Minuten bis Buffalo.

Der Zugwind wächst, doch die Qualmwolke steht,
Der Kapitän nach dem Steuer späht,
Er sieht nicht mehr seinen Steuermann,
Aber durchs Sprachrohr fragt er an:
„Noch da, John Maynard?" – „Ja, Herr. Ich bin." –
„Auf den Strand. In die Brandung." – „Ich halte drauf hin."
Und das Schiffsvolk jubelt: „Halt aus. Hallo!"
Und noch zehn Minuten bis Buffalo.

„Noch da, John Maynard?" Und Antwort schallt's
Mit ersterbender Stimme: „Ja, Herr, ich halt's!"
Und in die Brandung, was Klippe, was Stein,
Jagt er die „Schwalbe" mitten hinein;
Soll Rettung kommen, so kommt sie nur so.
Rettung: der Strand von Buffalo.

Das Schiff geborsten. Das Feuer verschwelt.
Gerettet alle. Nur einer fehlt!

Alle Glocken gehn; ihre Töne schwelln
Himmelan aus Kirchen und Kapelln,
Ein Klingen und Läuten, sonst schweigt die Stadt.
Ein Dienst nur, den sie heute hat:
Zehntausend folgen oder mehr,
Und kein Aug' im Zuge, das tränenleer.

Sie lassen den Sarg in Blumen hinab,
Mit Blumen schließen sie das Grab,
Und mit goldner Schrift in den Marmorstein
Schreibt die Stadt ihren Dankspruch ein:
    „Hier ruht John Maynard. In Qualm und Brand
    Hielt er das Steuer fest in der Hand,
    Er hat uns gerettet, er trägt die Kron',
    Er starb für uns, unsre Liebe sein Lohn.
        John Maynard."

Brecht

Die Seeräuber-Jenny

Meine Herren, heute sehen Sie mich Gläser abwaschen
Und ich mache das Bett für jeden.
Und Sie geben mir einen Penny und ich bedanke mich schnell
Und Sie sehen meine Lumpen und dies lumpige Hotel
Und Sie wissen nicht, mit wem Sie reden.
Aber eines Abends wird ein Geschrei sein am Hafen
Und man fragt: Was ist das für ein Geschrei?
Und man wird mich lächeln sehn bei meinen Gläsern
Und man sagt: Was lächelt die dabei?
    Und ein Schiff mit acht Segeln
    Und mit fünfzig Kanonen
    Wird liegen am Kai.

Man sagt: Geh, wisch deine Gläser, mein Kind
Und man reicht mir den Penny hin.
Und der Penny wird genommen, und das Bett wird gemacht!
(Es wird keiner mehr drin schlafen in dieser Nacht.)
Und Sie wissen immer noch nicht, wer ich bin.
Aber eines Abends wird ein Getös sein am Hafen
Und man fragt: Was ist das für ein Getös?
Und man wird mich stehen sehen hinterm Fenster
Und man sagt: Was lächelt die so bös?
    Und das Schiff mit acht Segeln
    Und mit fünfzig Kanonen
    Wird beschießen die Stadt.

Meine Herren, da wird wohl Ihr Lachen aufhörn
Denn die Mauern werden fallen hin
Und die Stadt wird gemacht dem Erdboden gleich
Nur ein lumpiges Hotel wird verschont von jedem Streich
Und man fragt: Wer wohnt Besonderer darin?
Und in dieser Nacht wird ein Geschrei um das Hotel sein
Und man fragt: Warum wird das Hotel verschont?
Und man wird mich sehen treten aus der Tür gen Morgen
Und man sagt: Die hat darin gewohnt?
    Und das Schiff mit acht Segeln
    Und mit fünfzig Kanonen
    Wird beflaggen den Mast.

Und es werden kommen hundert gen Mittag an Land
Und werden in den Schatten treten
Und fangen einen jeglichen aus jeglicher Tür
Und legen ihn in Ketten und bringen vor mir
Und fragen: Welchen sollen wir töten?
Und an diesem Mittag wird es still sein am Hafen
Wenn man fragt, wer wohl sterben muß.
Und dann werden Sie mich sagen hören: Alle!
Und wenn dann der Kopf fällt, sag ich: Hoppla!
  Und das Schiff mit acht Segeln
  Und mit fünfzig Kanonen
  Wird entschwinden mit mir.

Die Moritat von Mackie Messer

Und der Haifisch, der hat Zähne
Und die trägt er im Gesicht
Und Macheath, der hat ein Messer
Doch das Messer sieht man nicht.

Ach, es sind des Haifischs Flossen
Rot, wenn dieser Blut vergießt!
Mackie Messer trägt 'nen Handschuh
Drauf man keine Untat liest.

An der Themse grünem Wasser
Fallen plötzlich Leute um!
Es ist weder Pest noch Cholera
Doch es heißt: Macheath geht um.

An 'nem schönen blauen Sonntag
Liegt ein toter Mann am Strand
Und ein Mensch geht um die Ecke
Den man Mackie Messer nennt.

Und Schmul Meier bleibt verschwunden
Und so mancher reiche Mann
Und sein Geld hat Mackie Messer
Dem man nichts beweisen kann.

Jenny Towler ward gefunden
Mit 'nem Messer in der Brust
Und am Kai geht Mackie Messer
Der von allem nichts gewußt.

Wo ist Alfons Glite, der Fuhrherr?
Kommt das je ans Sonnenlicht?
Wer es immer wissen könnte –
Mackie Messer weiß es nicht.

Und das große Feuer in Soho
Sieben Kinder und ein Greis –
In der Menge Mackie Messer, den
Man nicht fragt und der nichts weiß.

Und die minderjährige Witwe
Deren Namen jeder weiß
Wachte auf und war geschändet –
Mackie, welches war dein Preis?

Der Song vom Nein und Ja

Einst glaubte ich, als ich noch unschuldig war
Und das war ich einst grad so wie du
Vielleicht kommt auch zu mir einmal einer
Und dann muß ich wissen, was ich tu.
Und wenn er Geld hat
Und wenn er nett ist
Und sein Kragen ist auch werktags rein
Und wenn er weiß, was sich bei einer Dame schickt
Dann sage ich ihm „Nein".
Da behält man seinen Kopf oben
Und man bleibt ganz allgemein.
Sicher scheint der Mond die ganze Nacht
Sicher wird das Boot am Ufer losgemacht
Aber weiter kann nichts sein.
Ja, da kann man sich doch nicht nur hinlegen
Ja, da muß man kalt und herzlos sein.
Ja, da könnte so viel geschehen
Ach, da gibt's überhaupt nur: Nein.

Der erste, der kam, war ein Mann aus Kent
Der war, wie ein Mann sein soll.
Der zweite hatte drei Schiffe im Hafen
Und der dritte war nach mir toll.
Und als sie Geld hatten
Und als sie nett waren
Und ihr Kragen war auch werktags rein
Und als sie wußten, was sich bei einer Dame schickt
Da sagte ich ihnen „Nein".
Da behielt ich meinen Kopf oben
Und ich blieb ganz allgemein.
Sicher schien der Mond die ganze Nacht
Sicher ward das Boot am Ufer losgemacht
Aber weiter konnte nichts sein.
Ja, da kann man sich doch nicht nur hinlegen
Ja, da mußt' ich kalt und herzlos sein.
Ja, da könnte doch viel geschehen
Aber da gibt's überhaupt nur: Nein.

Jedoch eines Tags, und der Tag war blau
Kam einer, der mich nicht bat
Und er hängte seinen Hut an den Nagel in meiner Kammer
Und ich wußte nicht, was ich tat.
Und als er kein Geld hatte
Und als er nicht nett war
Und sein Kragen war auch am Sonntag nicht rein
Und als er nicht wußte, was sich bei einer Dame schickt
Zu ihm sagte ich nicht „Nein".
Da behielt ich meinen Kopf nicht oben
Und ich blieb nicht allgemein.
Ach, es schien der Mond die ganze Nacht
Und es ward das Boot am Ufer festgemacht
Und es konnte gar nicht anders sein!
Ja, da muß man sich doch einfach hinlegen
Ja, da kann man doch nicht kalt und herzlos sein.
Ach, da mußte so viel geschehen
Ja, da gab's überhaupt kein Nein.

Appendix

A short biography of the authors whose works are included in this volume.

Ingeborg Bachmann (1926–73)
Published two volumes of poetry, a novel, stories and collaborated with Hans Werner Henze on two operas. Early poetry is bleak but lyrical.

Peter Bichsel (1935–   )
Swiss writer who spent many years as a teacher in Zuchwil.

Ludwig van Beethoven (1770–1827)
His tempestuous nature is reflected in his letters. Of his 90 or so *Lieder*, many are to poems by Goethe. He introduced the first five stanzas of Schiller's *An die Freude* into his *Ninth Symphony*. *Fidelio*, his only opera, was first performed in 1805.

Thomas Bernhard (1931–   )
Has published novels, stories, poems and plays. Writes of the pressures that threaten man's sanity.

Wolf Biermann (1936–   )
His father, who worked for the Communist resistance in Hamburg, was murdered in Auschwitz. Biermann, a convinced Communist, moved to East Berlin in 1953. He worked at the *Berliner Ensemble*, where he met Brecht, whose influence is clear in Biermann's political songs, which were banned by the East German authorities in 1965. In 1976 he was stripped of his East German citizenship, since when he has lived in West Germany.

Heinrich Böll (1917–   )
Drafted into the army in 1939. War stories depict the horror, dreariness and absurdity of war. Abhorrence of materialistic values is a favourite theme. In 1972 he was awarded the Nobel Prize for Literature. A fervent upholder of freedom, he was host to Solzhenitsyn after the latter's banishment from Russia in 1974.

Wolfgang Borchert (1921–47)
Called up in 1940, he was forever at loggerheads with authority and was twice imprisoned. Published poems, short stories and a play, *Draußen vor der Tür*.

Bertolt Brecht (1898–1956)
In 1918 he worked in a military hospital, and throughout his life he was an implacable opponent of war and capitalism. He was fifth on the Nazi blacklist. He wrote over 50 plays and 80 stories, but was, perhaps, primarily a poet. Converted to Marxism in the late 1920s.

Clemens Brentano (1778–1842)
A writer of great poetic fantasy, he collected with Achim von Arnim folk-songs that were published under the title *Des Knaben Wunderhorn*; his own poetry, too, is often in the folk-song style.

Wilhelm Busch (1832–1908)
Inventor of the comic strip, his satire is directed against the complacency, malice and hypocrisy of the older generation. He was a fine draughtsman.

Richard Dehmel (1863–1920)
A poet whose work is characterized by social compassion and a frank sensuality. He was often accused of immorality.

Marie von Ebner-Eschenbach (1830–1916)
A novelist and story-teller, she wrote observantly about her own class (the aristocracy) and sympathetically about the peasantry. Her work combines social criticism, great compassion and a dry humour.

Joseph von Eichendorff (1788–1857)
He was the son of a Catholic nobleman. His poems, though they reflect an inner life founded on faith, often have a melancholy strain. His musical verse was much favoured by Schumann and Hugo Wolf.

Theodor Fontane (1819–98)
Wrote his first novel when he was 59, then published fourteen more in the next twenty years. He also wrote a great number of ballads, whose musical settings were often performed in Victorian drawing-rooms.

Max Frisch (1911–)
Swiss dramatist, novelist and diarist. His plays mostly deal with contemporary issues and his novels with problems of identity.

Johann Wolfgang von Goethe (1749–1832)
He was poet, novelist, playwright, diarist, autobiographer, painter, botanist, scientist, statesman. It is chiefly through *Faust* and his lyric poetry that he is known to modern readers.

Jakob Grimm (1785–1863) and **Wilhelm Grimm** (1786–1859)
Both brothers collaborated on *Deutsche Sagen* and the *Kinder- und Hausmärchen*. Wilhelm assisted his brother in that great project, the *Deutsches Wörterbuch*, which was finally completed in 1960. Jakob was more the scholar, Wilhelm more the poet.

Johann Peter Hebel (1760–1826)
A schoolteacher who wrote much in south Swabian dialect. His anecdotes in prose were published in 1811.

Herbert Heckmann (1930–)
Worked for some time as an interpreter. His *Schwarze Geschichten*, from which this anecdote is taken, appeared in 1964.

Heinrich Heine (1797–1856)
His early love poetry abounds in hatred, anguish and romantic irony. The final years of his life were spent, paralysed, on his 'Matratzengruft'. Wrote some fine polemics. Immortalized by composers, who did not always detect his irony.

Johann Gottfried Herder (1744–1803)
Published his *Volkslieder* in 1778. Best known for his philosophical and historical works. He valued most those poets who were closest to nature, Shakespeare and Homer in particular.

Hermann Hesse (1877–1962)
Early poems were published under the title of *Romantische Lieder*. Principally a novelist with pacifist views, he was interested in psychology and fascinated by man's dual nature (*Narziss und Goldmund*). Awarded the Nobel Prize in 1946.

Johann Christian Friedrich Hölderlin (1770–1843)
A Swabian, who adopted an idiosyncratic style to express his vision of Hellenic perfection. In 1802 he became insane. Wrote a novel, *Hyperion*, from which the *Schicksalslied* is taken.

Ödön von Horváth (1901–38)
Killed in a tragic accident in Paris having fled from Austria after the *Anschluß*. He wrote political comedies and *Volksstücke*, often highly satirical. Author of three novels, including *Jugend ohne Gott*, which is concerned with tyranny and individual responsibility.

Franz Kafka (1883–1924)
Studied law and worked in an accident insurance company in Prague. Stated in his will that all his unpublished writings should be destroyed – an order that his friend, Max Brod, disregarded. His stories deal obliquely with the plight of the Jews, the artist, and with man's emotional and spiritual needs. Most of his characters live in a nightmarish world, uncomprehended by their fellows.

Erich Kästner (1899–1974)
Famous as a writer of children's books (eg. *Emil und die Detektive*), he also wrote many satirical poems. The Nazis banned him from writing, and his books were publicly burned.

Reimerich Kinderlieb (1809–94)
Pseudonym for Heinrich Hoffmann, whose *Struwwelpeter* was published in 1845. Its author was a physician who tried to teach children in an amusing way.

Heinrich von Kleist (1777–1811)
Important dramatist, whose work was greatly influenced by Romanticism and its interest in the subconscious workings of the mind. Kleist's vulnerability – he committed suicide – and his love of paradox can be seen in his *Novellen* and the anecdotes which he, as editor, wrote for the *Berliner Abendblätter*.

Reiner Kunze (1933–   )
Applied for an exit visa from the DDR in 1977, when he could no longer bear the harassment. Published in 1976 in West Germany *Die wunderbaren Jahre*, from which these prose poems are taken.

Kurt Kusenberg (1904–   )
Originally an art historian who published a study of Rosso Fiorentino. A writer of fantastic stories, he has an extraordinarily inventive imagination, and his sole purpose is to amuse.

Siegfried Lenz (1926–   )
Novelist, dramatist and short story writer. Many of his works raise questions of guilt and duty. A lighter side of Lenz can be seen in the Suleyken stories.

Detlev von Liliencron (1844–1909)
An Impressionist poet, whose work often gives a series of impressions from which everything superfluous has been eliminated.

Kurt Marti (1921–   )
Studied law and theology. He lives as a priest in Berlin. *Eine Leichenrede* comes from *Leichenreden* (1969).

Christian Morgenstern (1871–1914)
The early poems that reflect his own mysticism are now virtually forgotten, and he is remembered through his so-called nonsense poems, many of which are far from nonsensical but sharply satirical.

Eduard Mörike (1804–75)
A Swabian and, unwillingly, a curate. Many of his poems exhibit a repressed sensuality. He was attracted by love, but feared the consequences. He often sought relief from tedium of his duties through fantasy. Created the imaginary world of Orplid. Poems reached a broader audience through the songs of Wolf.

Wilhelm Müller (1794–1827)
He was a schoolmaster whose poems became universally known through the songs of Schubert (*Die schöne Müllerin* and *Winterreise*). His love poetry is reminiscent of Housman, but he can be ironic too.

Friedrich Nietzsche (1844–1900)
Influential philosopher who demanded a 'great disengagement' from the shackles of the past. He saw life as irrational energy, feared by the bourgeoisie but embraced by the 'Superman'.

Rainer Maria Rilke (1875–1926)
One of the greatest of twentieth century poets, his work develops from Romanticism to a more objective symbolism and then to a deeply personal and anguished form of poetry. W. H. Auden called him 'The Santa Claus of Loneliness'.

Emanuel Schikaneder (1751–1812)
Came to Vienna as an actor and singer, then became an impresario. Wrote plays and libretti, including *Die Zauberflöte* for Mozart, in which he sang the part of Papageno.

Schmidt von Lübeck (1766–1849)
A physician in Lübeck, whose poems were collected in 1821.

Theodor Storm (1817–88)
He was principally a writer of short stories, but he was a fine poet whose imagery reflects the Husum landscape he knew so well.

Ludwig Thoma (1867–1921)
Wrote novels, stories and plays with Bavarian settings. Best known through his collections of humorous stories.

Kurt Tucholsky (1890–1935)
A trenchant satirist and journalist who wrote cabaret songs. He was deprived of German nationality in 1933, and his books were burned. After the rise of the Nazis, at whom much of his satire was directed, he fled to Sweden where he committed suicide.

Wolf Wondratschek (1943–   )
Lives in Frankfurt am Main. *43 Liebesgeschichten* is from *Früher begann der Tag mit einer Schußwunde.*

Index of Titles and Authors